Roswitha Reinert / Gabriele Werz

Textilarbeit und Werken in der Grundschule

Papier / Naturmaterial / Holz / Metall / Ton / Fäden / Weben / Sticken / Nähen / Häkeln / Stricken

Oldenbourg

PRÖGEL PRAXIS: UNTERRICHTSMATERIAL 18

© 1993 R. Oldenbourg Verlag GmbH, München

1. Auflage 1993

Lektorat: Sylvia Bernard-Dronia
Herstellung: Fredi Grosser
Satz, Druck und Bindung: Schneider Druck GmbH, Rothenburg ob der Tauber
Umschlagkonzeption: Mendell & Oberer, München
Umschlaggestaltung: Fredi Grosser

ISBN 3-486-**98649**-X

Inhaltsverzeichnis

Vorwort

Liebe Kolleginnen und Kollegen,

im Lehrerzimmer ist vielfach zu hören: „Arbeitsblätter nehmen zu viel Zeit bei der Vorbereitung ein", „sind unbeliebt bei Schülern", „verursachen unnötige Kopierkosten" oder „haben gerade im praktischen Fachbereich Textilgestaltung/Werken nichts zu suchen."

Entgegen dieser Aussagen haben wir in der Unterrichtspraxis positive Erfahrungen gesammelt.
Was spricht für das Arbeiten mit Arbeitsblättern auch in praxisbezogenen Fächern?
– Eine leistungsbezogene Differenzierung während der Erarbeitung wird wesentlich erleichtert.
– Erkenntnisse werden durch die Fixierung für spätere Transferleistungen intensiver gespeichert und verfügbar gemacht.
– Es werden Anreiz und Hilfestellung zur häuslichen Nacharbeit und damit zu einer sinnvollen Freizeitgestaltung gegeben.
– Bei der Durchführung des handlungsorientierten Unterrichts und dem Prinzip der Freiarbeit stellen Arbeitsblätter eine wesentliche Informationsquelle für die Schüler dar.
– In allen Artikulationsschritten können Arbeitsblätter variabel eingesetzt werden.
– Die Arbeitsblätter sind **nicht** an einen Gegenstand gebunden. Der Inhalt bezieht sich lediglich auf die geforderten,

schülerjahrgangsbedingten Arbeitstechniken. Jeder Lehrer kann die Gegenstände **individuell auswählen**.
– Die spielerischen Ausweitungen erfreuen sich bei den Schülern größter Beliebtheit und bieten den Anreiz, sich in den unvermeidlichen Wartezeiten selbständig zu beschäftigen. Wir haben festgestellt, daß dadurch die Atmosphäre wesentlich ruhiger und manche sozialen Spannungen im gemeinsamen Raten und Spielen aufgehoben wurden.
– Bewährt hat sich das Führen von Sammelmappen ab der 1. Jahrgangsstufe für jeden Schüler. Die Deckblätter der Mappen lassen eine weitere individuelle Ausgestaltung durch Bedrucken oder Bemalen zu.
– Auf Wunsch der Kinder darf die Mappe mit nach Hause genommen werden. Dadurch wird das Erlernte auch für die Eltern einsichtig.

Positive Rückmeldungen von Seiten der Eltern und der Schüler haben uns beim Führen der Arbeitsmappen sehr bestärkt.

Wir wünschen auch Ihnen viel Erfolg und Freude bei der Umsetzung dieser Anregungen in Ihrem Unterricht.

Roswitha Reint   Gabriele Werz

1. Gestalten mit Papier

1.1. Grunderfahrungen im Umgang mit unterschiedlichen Papiermaterialien

Aufgaben aus dem flächigen Gestaltungsbereich
Förderung der lebenspraktischen Fähigkeit (Schneiden) und der Bereitschaft, Unfall- und Arbeitshinweise zu beachten
Einsatz von Restmaterialien zur Anbahnung von materieller Wertschätzung
Erkunden des Werkstoffes Papier und Erproben verschiedener Bearbeitungsmöglichkeiten.

Material zum erkundenden Umgang und zur optischen, haptischen und akustischen Wahrnehmung:

optisches Erkennen von verschiedenen Papiersorten: einfarbig/farbig/gemustert…, *(siehe Arbeitsblatt 2)*
bewußtes Erfassen der Oberflächenstruktur: rauh/glatt
Ertasten der unterschiedlichen Papierstärken: dünn/dick
Hören und Beschreiben der Papiergeräusche

Hilfsmittel:
verschiedene Scheren
Papierkleber
Bleistift zum Aufzeichnen

Werkverfahren: Schneiden
Schneiden entlang einer Linie
Schere zum Schneiden immer ganz öffnen, so erreicht man bessere Schneidergebnisse ⇨ Kennzeichen einer gelungenen Schnittlinie sind eine glatte Schnittkante und genaue Linienführung

Kopiervorlage für das Scheren-Puzzle auf AB 1:

Planung der Unterrichtseinheiten:
1. UE: Begriffsbildung „Werkzeug"
Unterscheiden von Scheren, z.B. Papierschere, Nagelschere, Bastelschere…
Herausstellen der Unterschiede
Beschreiben und Benennen der Einzelteile
Schneideregeln herausstellen
Schneiden eines Puzzles (Schere)/Arbeitsblatt 3

- **Schere geschlossen und mit den Scherenringen nach vorne weitergeben**
- **Schere nie offen liegen lassen**
- **mit der Schere nicht vom Platz gehen**
- **Vorsicht, auch beim Herunterfallen können Scheren Verletzungen verursachen**

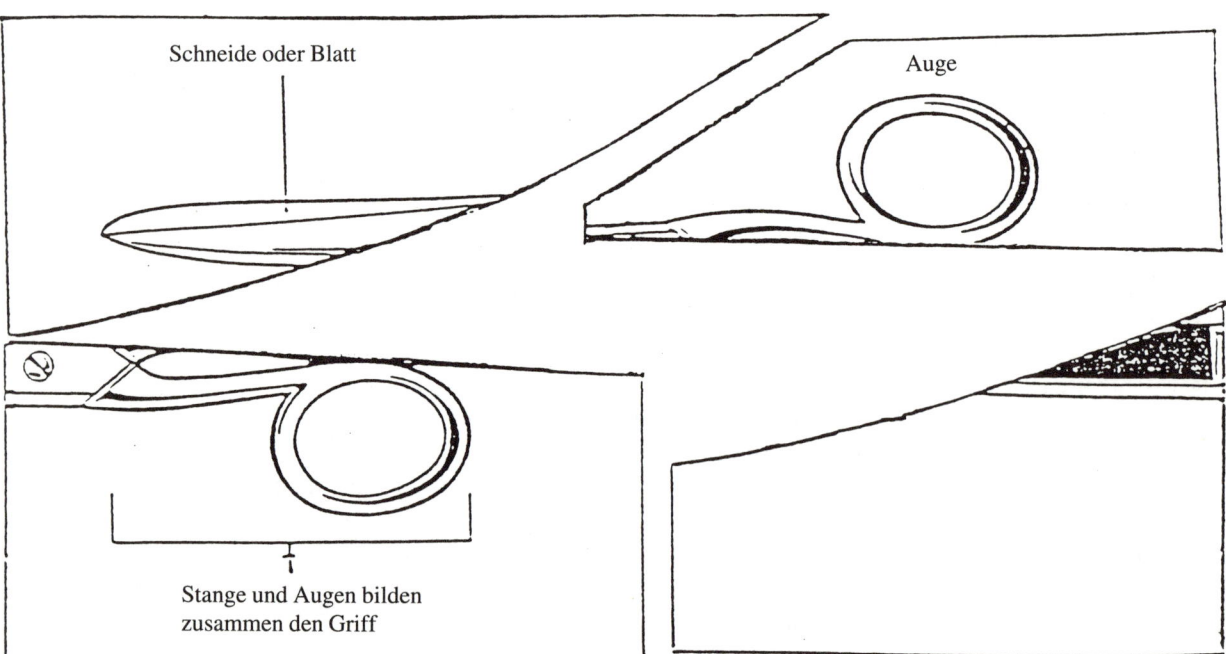

Schneide oder Blatt

Auge

Stange und Augen bilden zusammen den Griff

2. UE: Arbeitsblatt 2

Zuschneiden von Papierstreifen ca. 4 cm × 3 cm in den verschiedenen angegebenen Papiersorten

Ausnützen des Papierstreifens beim Aufzeichnen/ Ausschneiden der Blütenblätter, dabei auf gerade Schnittlinien achten

bei leistungsstarken Gruppen: Herstellen der Blütenblattform durch den Faltschnitt

Fertigstellen der Papierblüte

3. UE: Bearbeitungsmöglichkeiten von Papier durch
a) Knüllen
b) Reißen
c) Biegen = Falten
Thema: Raupe, Drache…

Mögliches Tafelbild:

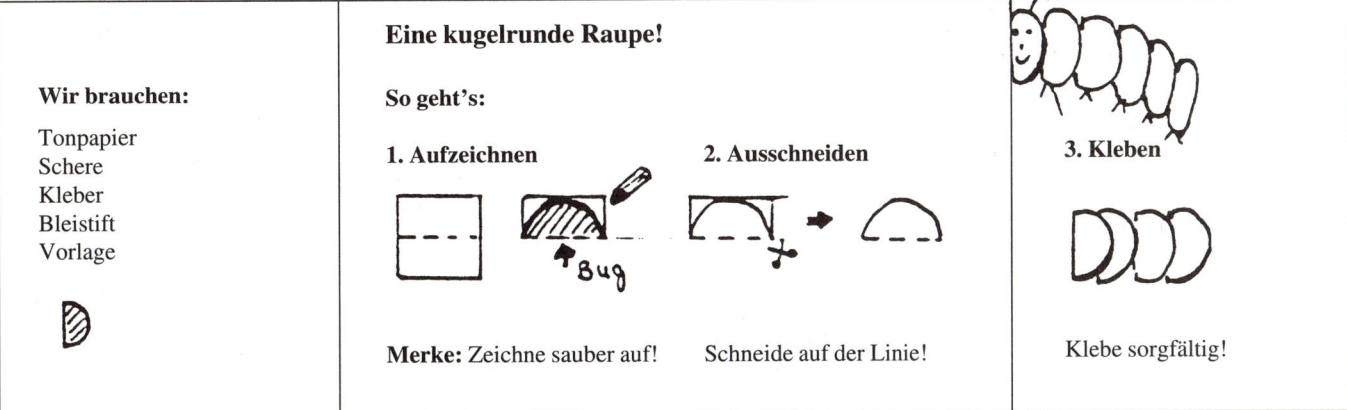

| Wir brauchen:

Tonpapier
Schere
Kleber
Bleistift
Vorlage | **Eine kugelrunde Raupe!**

So geht's:

1. Aufzeichnen **2. Ausschneiden**

Merke: Zeichne sauber auf! Schneide auf der Linie! | **3. Kleben**

Klebe sorgfältig! |

Spielerische Übungsformen

1. Geräusche erkennen/erraten

Mit geschlossenen Augen, Gesicht zur Wand oder mit Augenbinde werden Geräusche gedeutet, z.B. Reißen, Schneiden, Rascheln, Knüllen…von Papier.

2. „Schlangen züchten"

Material: 1 Zeitung
So geht's:
Jeder Teilnehmer erhält eine Zeitung und beginnt von einer Ecke her immer rundherum im Kreis zu reißen, bis nichts mehr von der Zeitung übrig bleibt.
Am Schluß zieht jeder seine Papierschlange auseinander. Gewonnen hat der, der die längste Schlange „gezüchtet" hat.

3. MASKEN schnell gezaubert! Papier oder dünner Karton ca. 9 cm breit und 16 cm lang zuschneiden und zusammenfalten. Maske individuell entwerfen!

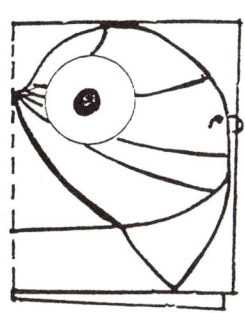

Wir schneiden Papier mit der

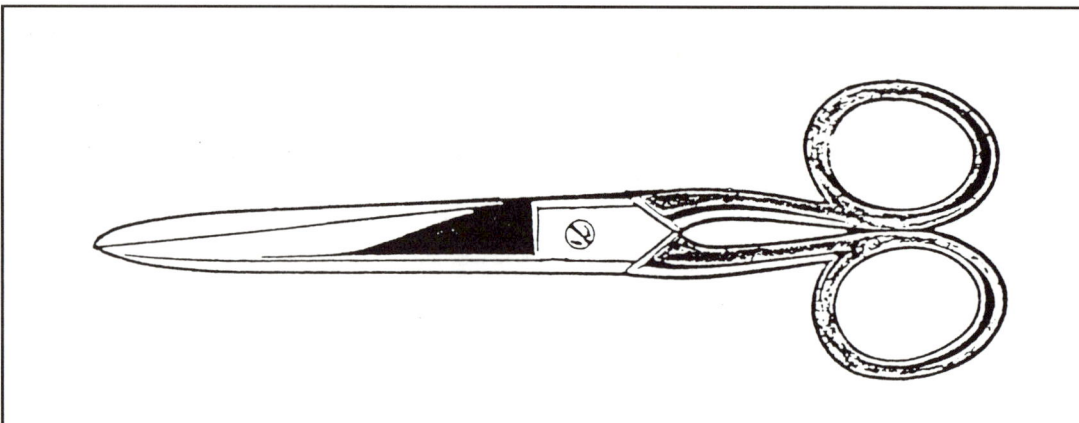

Klebe hier das Scheren-Puzzle auf!

So schneidest du richtig!

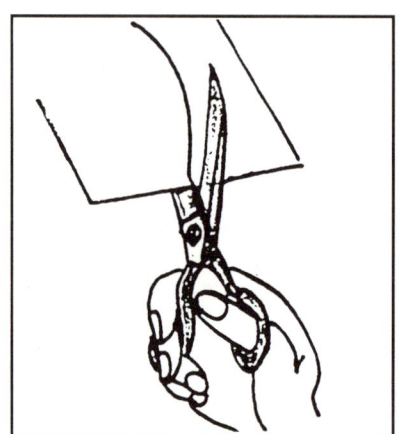

Die freie Hand führt das Papier.

Sprich zu diesen Bildern!

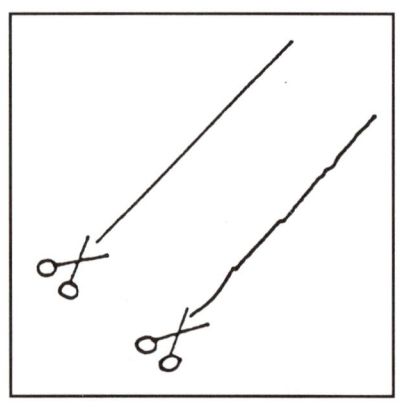

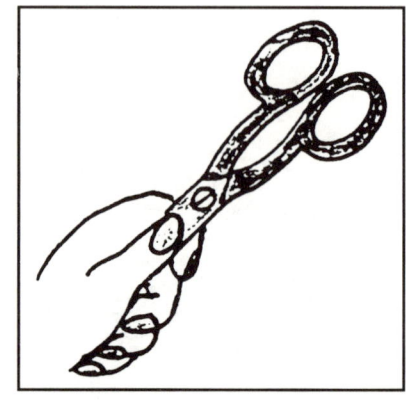

Name: ______________________	Datum: ____________	Arbeitsblatt **2**

PAPIER

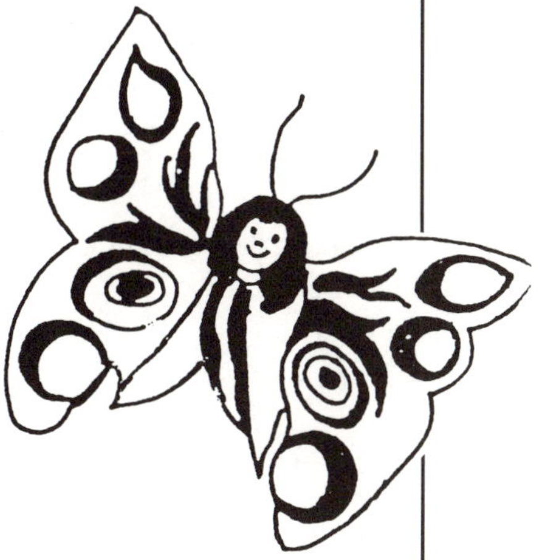

Schneide aus verschiedenen Papieren
Blütenblätter aus. Klebe sie auf!

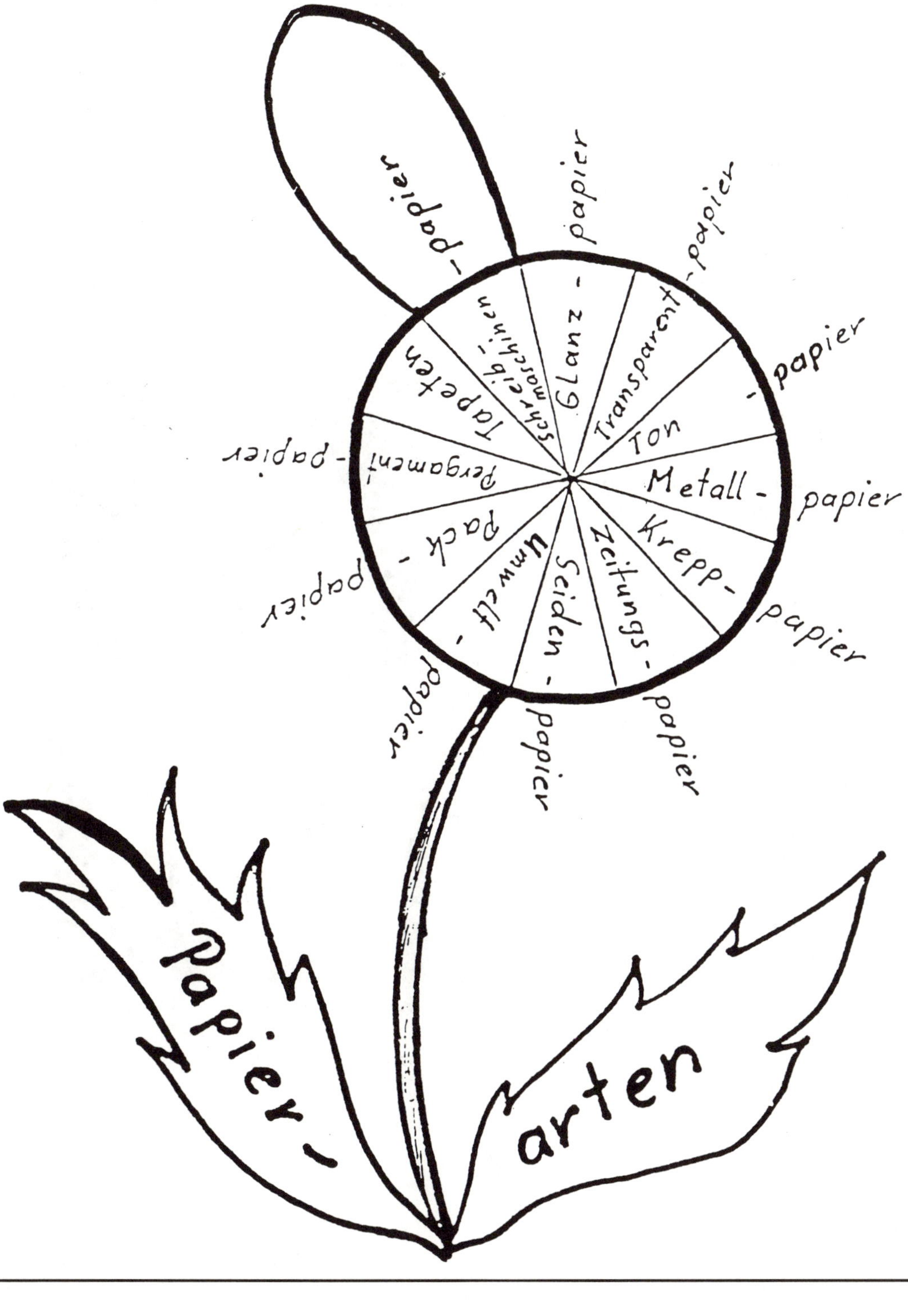

- papier
Schreibmaschinen
Glanz - papier
Transparent - papier
- papier
Ton
Metall - papier
Krepp- papier
Zeitungs- papier
Seiden - papier
Umwelt - papier
Pack - papier
Pergament - papier
Tapeten
Papier-
arten

1.2 Einfache Falttechniken

Selbständiges Analysieren und Umsetzen von Arbeitsanleitungen und Zeichnungen zum Falten.
Formen flächiger Materialien durch die Arbeitsweise des Faltens zu einem volumenhaften Körper.
Steigern der Materialstabilität durch Faltungen.
Einüben von Arbeitshaltungen wie Sorgfalt, Genauigkeit und Schulung der Feinmotorik der kindlichen Hand.

Material:
Faltpapiere (10 × 10 cm, 15 × 15 cm, 10 × 15 cm…)
Metallfolien
Tapeten
Zeitungen bzw. Papiere jeglicher Art

Hilfsmittel:
Schere
Kleber
Stifte zum Ausgestalten
evtl. Falzbein

Werkverfahren: Falten
Klären des Fachvokabulars wie Viereck, Quadrat, Rechteck, Bruch/Bug, offene Kante, Falzen.
Verdeutlichen der wichtigsten Faltvorgänge durch bildhafte Namen wie Buch, Zelt, Kopftuch…

Aufstellen von Faltregeln:
   Falte vom Körper weg!
   Falte Kante auf Kante!
   Falte Ecke auf Ecke
   Falze den Bruch/Bug gut fest!

Möglichkeiten zur schulischen und häuslichen Ausweitung
Ungeheuer (Falten von Hexentreppen, vgl. AB 4)
Stiftemännchen
Papierungeheuer
Tischdekoration für Ostern: Hühnchen

So falten wir ein Hühnchen:

Material:	Werkzeug:
Faltpapier	Schere
(quadratisch)	Klebstoff
	Stifte

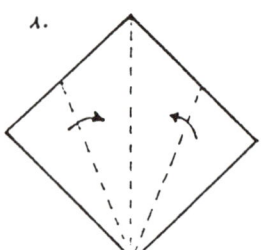 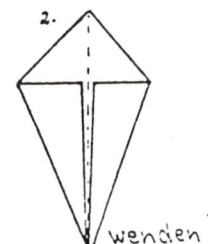 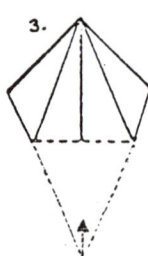

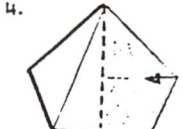 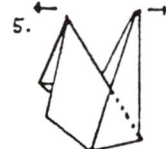 

Arbeitsanleitungen zu Seite 9:

Stiftemännchen
Material: Bleistift, Kleber, Schere
Tonpapier zum Falten – ein Blatt Tonpapier zum Quadrat falten und zuschneiden
Nach Abbildung falten!
Standfläche: Karton ca. 8 × 8 cm mit Tonpapier beziehen oder sehr große Kartonfüße schneiden
Papiere zur individuellen Ausgestaltung z.B. Buntpapier, Glanzpapier

Herstellung des Bewegungsmechanismus des Papierungeheuers
Ca. 80 cm langen, reißfesten Faden durch die Halsröhre ziehen, durch die Spitze des Unterkiefers fädeln und beim Oberkiefer herausstechen, großen Knoten knüpfen und mit Klebstoff auf dem Nasenrücken festkleben.
Durch das Ziehen am unteren Fadenende kann das Maul bewegt werden.

Lösung zu AB 4: Hexentreppe

8

Schulische und häusliche Ausweitung:

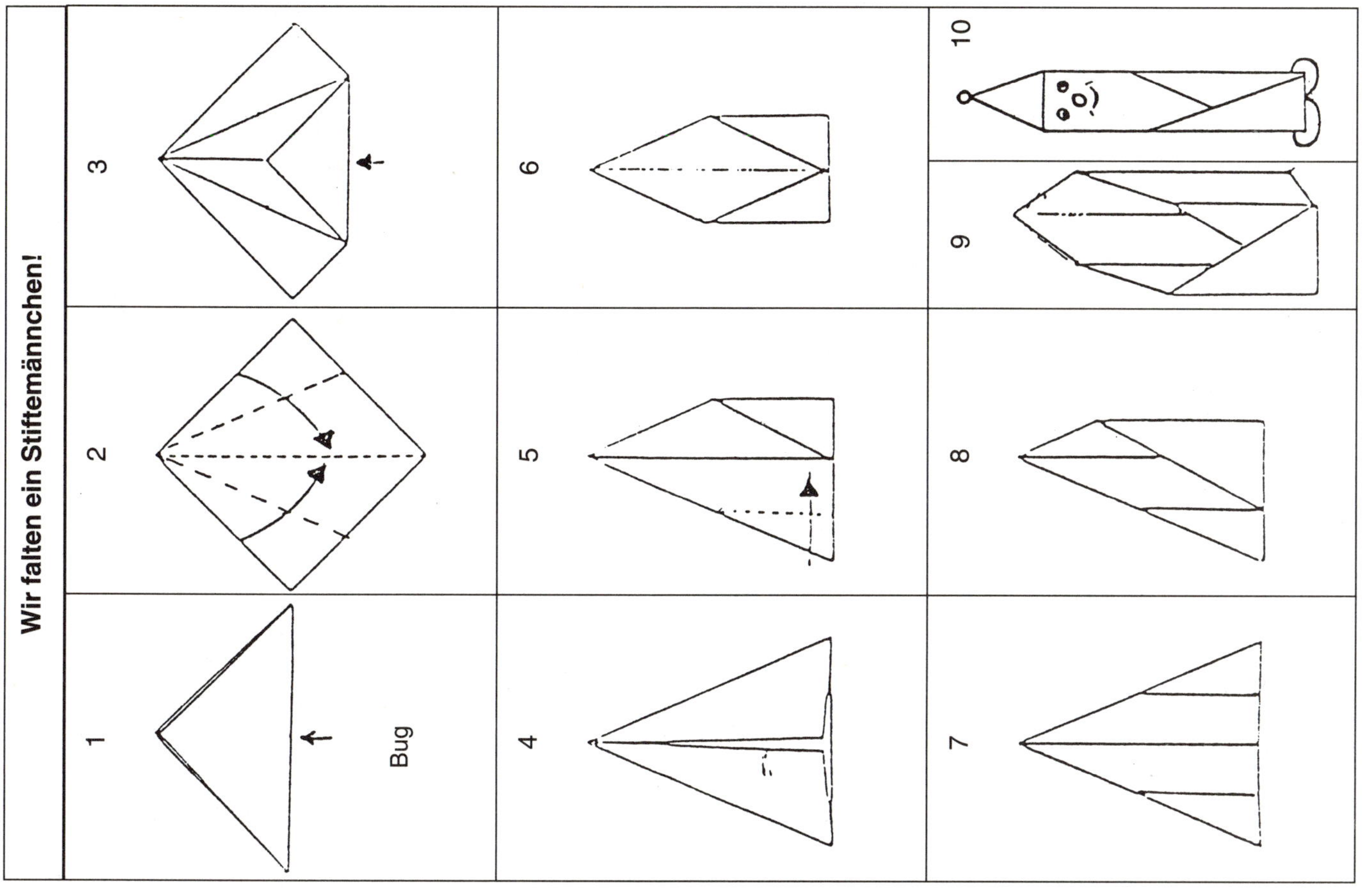

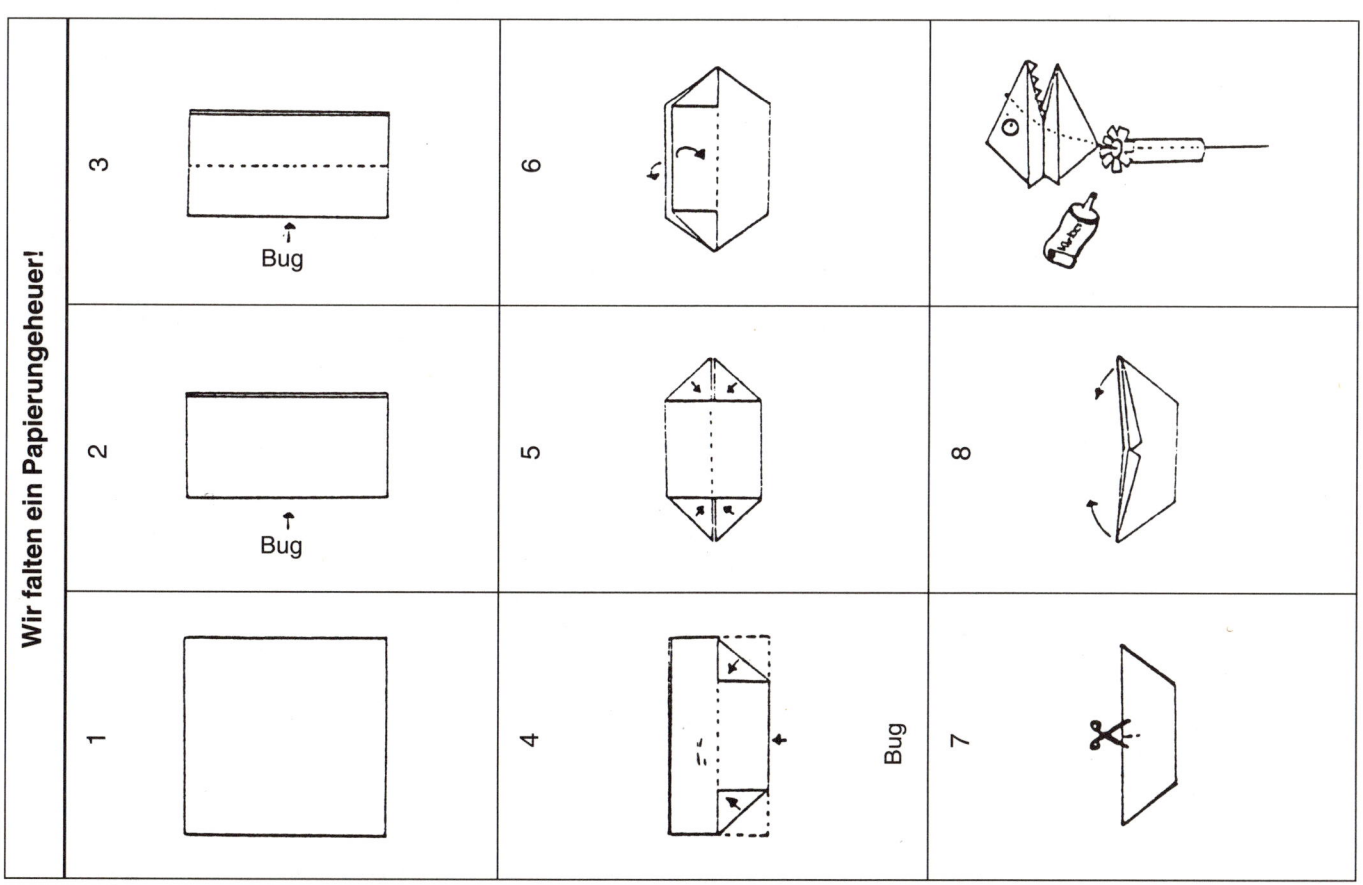

Wir falten ein Stiftemännchen!

1 — Bug

2

3

4

5

6

7

8

9

10

Wir falten ein Papierungeheuer!

1

2 — Bug

3 — Bug

4 — Bug

5

6

7

8

Beim Falten kommt es auf Genauigkeit an!

Zusammenlegen
und die Ecken genau
aufeinanderlegen. –
Festhalten

Mit Zeigefinger oder
Daumen zur Falte
ziehen und festdrücken.

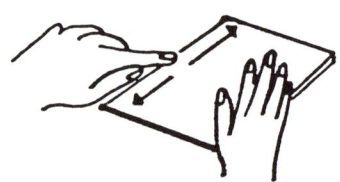

Von der Mitte aus zu
beiden Seiten hin
scharf abstreifen.

Falte dir einen Fangbecher!

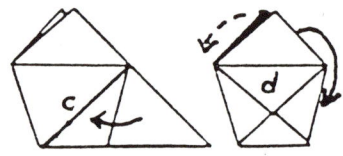

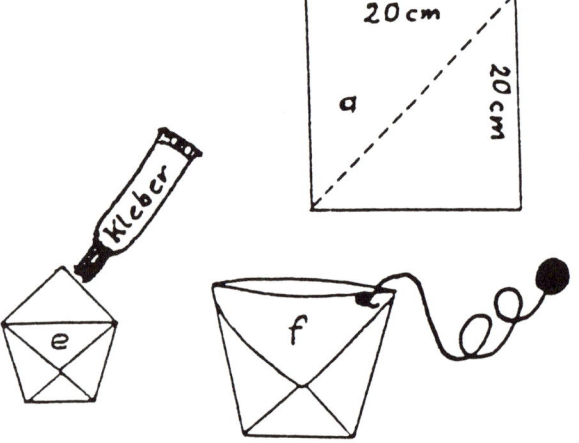

Fädle auf einen ca. 50 cm langen Faden eine Holzperle
auf. Knote die Perle fest und befestige den Faden am
Fangbecherrand.

Jetzt kannst du mit deinen Freunden spielen.

Versuche mit Schwung deine Kugel mit dem Becher einzufangen. Fängst du die Kugel, bekommst du einen
Punkt. Wer nach ein paar Spielrunden die meisten Punkte hat, ist der Sieger.

Oldenbourg Arbeitsblatt © R. Oldenbourg Verlag GmbH, München / Prögel Praxis: Unterrichtsmaterial 18, Textilarbeit und Werken

PAPIER

Löse das Bilderrätsel und du erfährst den
Namen der folgenden Faltung

Du brauchst dazu zwei Papierstreifen (50 cm lang und 4 cm breit) und Klebstoff.

Beide Papierstreifen über-
einanderkleben. Denke
dabei an den Buchstaben
L! Falte 1 über 2

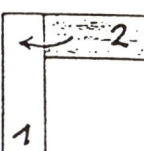

Falte 2 über 1

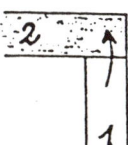

Falte 1 über 2

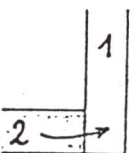

Falte 2 über 1 usw.

Die Enden verkleben.

Fertig ist die

Male ein hübsches Gesicht!

Zaubern mit PAPIER

Wende den ersten Zauberspruch an.

Aus Eins mach' Zwei!

Probiere gleich den Zaubertrick aus!

Papier falten (Größe 4 cm x 8 cm)
Zeichne eine Figur deiner Wahl auf, z.B. Fisch, Blüte, Haus
Schneide beide Papierlagen miteinander aus.

Klebe dein Ergebnis auf!

Der zweite Zauberspruch lautet:

Aus Eins mach' viele!

Zaubere mit!

Papier zu einer Ziehharmonika falten.
(Größe 4 cm x 16 cm)
Nicht zu oft falten, da sich das Papier sonst nicht mehr schneiden läßt!
Zeichne eine Figur auf, z.B. Vogel.
Schneide alle Papierlagen auf einmal aus.

Klebe dein Ergebnis auf!

Jetzt lernst du den dritten Zauberspruch!

Aus halb mach' ganz!

Zaubere mit!

Papier falten. (Größe 5 cm x 6 cm)
Zeichne die HÄLFTE einer Figur auf, z.B. Männchen, Fisch. Deine Figur muß auf beiden Seiten gleich aussehen! Die Mitte der Figur befindet sich am Bruch!
Schneide aus, aber schneide nie den Bruch auf!

Klebe dein Ergebnis auf!

1.3 Bauen mit vorgefertigten Körpern aus Papier.

Umsetzen phantasievoller Ideen oder Entwürfe unter Einbeziehen der materialabhängigen Verarbeitungsmöglichkeiten von Verpackungsmaterialien.
Verwenden von Verpackungsmaterialien zum Anbahnen umweltbewußten Denkens und Handelns.
Erfassen von Proportionen und individuelles Umsetzen.

Materialen:
Schachteln jeglicher Art, beispielsweise Eierkartons,
Kosmetikverpackungen, Wellpappe etc.
Papier zum Ausgestalten

Hilfsmittel:
Schere
Stifte
Spezialkleber
Büroklammern
Lineal
Musterklammern

Thema: *Mein Freund, der Elefant*
Einstieg:
Entspannungs- und Konzentrationsübung als Vorbereitung für das selbständige, kreative Schaffen der Schüler.
Schüler nehmen eine Entspannungshaltung ein:…z. B. aufgerichtetes Sitzen oder Aufstützen der Ellenbogen auf den Tisch, das Kinn ruht in den Handflächen, oder die Unterarme auf der Tischplatte ablegen, Hände übereinanderlegen. Stirn auf die Handrücken ablegen.

Eine Ballonreise
Komm, lauf mit uns über eine große, weite Wiese – Du läufst mit bloßen Füßen durch das Gras – Du spürst das Gras, du fühlst die sonnenwarme Erde – Von weitem erkennst du einen großen Ballon auf der Wiese – Du gehst hin – Als du vor ihm stehst, ragt er hoch über dich hinaus – Der Ballon ist an einem dicken Seil festgebunden und schaukelt leicht im Wind hin und her, hin und her – Du steigst in die Gondel ein – Der Ballon wird losgebunden und hebt langsam von der Erde ab – Du schwebst ganz sacht mit ihm nach oben – Immer höher – Es ist still um dich herum, nur das Rauschen der Luft, die am Ballon entlang streift, ist zu hören – Der Ballon schwebt langsam weiter – Er schwebt über bunte Wiesen, weite, grüne Wälder – über Seen – Flüsse – Du siehst das Wasser blinken – Du schwebst über fremde Länder und Meere, bis du in der Ferne eine Stadt erkennen kannst – Du fliegst über eine orientalische Stadt – Du siehst Menschen in bunten Gewändern – Männer, die Wasserpfeife rauchen, schreiende Händler mit exotischen Früchten – Du hörst fremde Geräusche und siehst fremdartige Bazare – Kinder rennen durch die engen Gassen, schubsen, stoßen Menschen an – Sie lachen und sind fröhlich – Du schwebst mit deinem Ballon weiter – Du kommst zu einem Palastgarten – Blüten, Büsche, Palmen – Vögel zwitschern –

Wasser rauscht in marmornen Brunnen – Zwischen den leicht wiegenden Palmen erkennst du mehrere große, graue Lebewesen – Elefanten – Langsam schwebt dein Ballon zur Erde und setzt sanft neben den riesigen Tieren auf – Vorsichtig näherst du dich einem in der Sonne ruhenden Tier – Du streichelst seine Haut – Sie ist nicht so rauh, wie du sie dir vorgestellt hast – Mit einem Schwung kletterst du auf den Rücken und hältst dich an der starken Wirbelsäule fest – Du balancierst zu den beiden segelartigen Ohren und setzt dich auf den quadratischen Kopf – Deine Beine baumeln in Richtung Rüssel – Hell blitzen die mächtigen Elfenbeinstoßzähne – Ein Rütteln, ein peitschenartiger Knall – ausgelöst durch die Schwanzbewegung – und der Elefant erhebt sich – Hoch thronst du über der Erde – Mit seinen kräftigen Beinen bewegt sich der Elefant sehr vorsichtig durch den Palastgarten – Sanft wirst du durch die Bewegung der Schritte hin- und hergewiegt, hin und her – Du mußt eingeschlafen sein – Das Rauschen des Meeres weckt dich – Du rutschst langsam vom Rücken deines Freundes – Steigst in die Gondel des Ballons und schwebst über Wiesen, Meere und Wälder – Hier landest du wieder und steigst aus der Gondel aus – Öffne langsam deine Augen und dehne und strecke dich.

Impuls: Jeder von euch ist auf seinem eigenen Elefanten geritten. Alle Elefanten weisen die gleichen charakteristischen Körperteile auf.

Fixierung der charakteristischen Körperteile durch ein Folienpuzzle oder Tafelbilder;

Arbeitsplatzgestaltung: Abdecken der Tische mit Zeitungen, Klebstoff (Spezialkleber für beschichtete Schachteln), Büroklammern zum Fixieren der Klebestellen, Schere, Bleistift
Vorarbeit: Sammeln von Verpackungsmaterialien
Impuls: Überlege, welche Schachtelart zu welchem Körperteil paßt.

Fixierung der Erkenntnisse als Regeln:
Beachte das Größenverhältnis von Kopf, Körper und Beinen!
Achte auf die Standfestigkeit deines Tieres!
Achte auf die Haltbarkeit der Klebestellen!
Du kannst auch Schachteln durch Zerschneiden verformen!

Geistig-seelische Einstimmung
Einnehmen der Entspannungshaltung
Du siehst dich nochmals auf dem Elefanten sitzen – auf deinem Elefanten – Du reitest durch den Palastgarten – Achte auf seine Größe, seine Beine, seinen Körper, seinen Kopf, seinen Rüssel und seinen Schwanz –
Beginne mit der Arbeit an deinem gutmütigen Elefanten

Name: ______	Datum: ______	Arbeitsblatt **6**

PAPIER

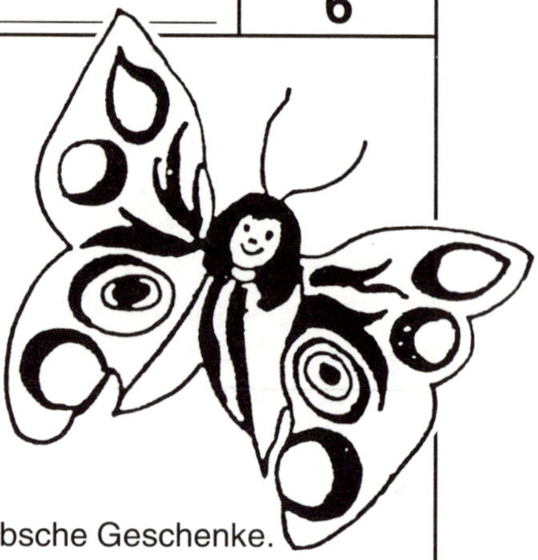

Aus unterschiedlich großen Papprollen, beklebt mit bunten Papieren, entstehen hübsche Geschenke.

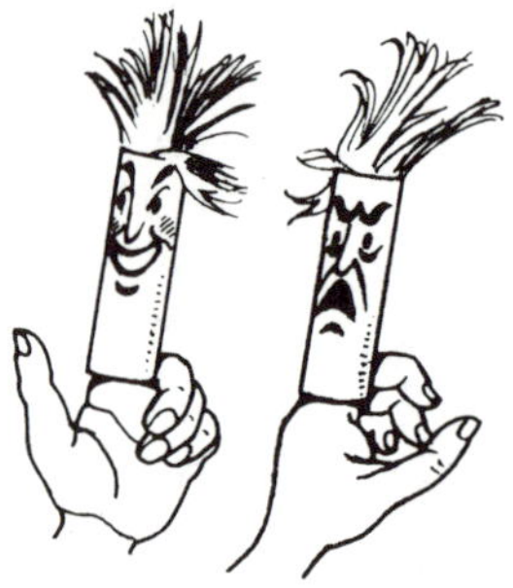

❶ So beklebst du Karton:

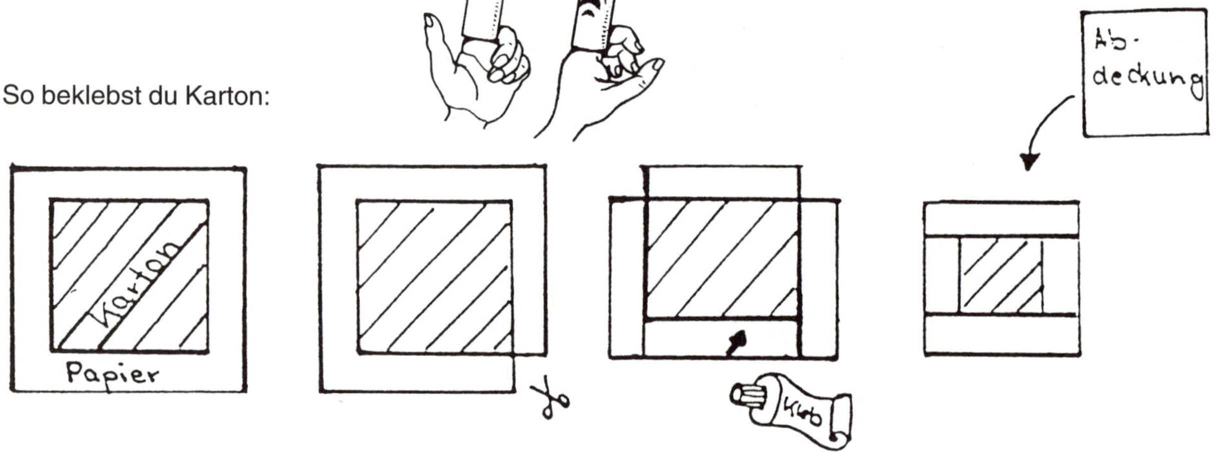

Ab-
deckung
Karton
Papier
Kleb

❷ So beklebst du Rollen:

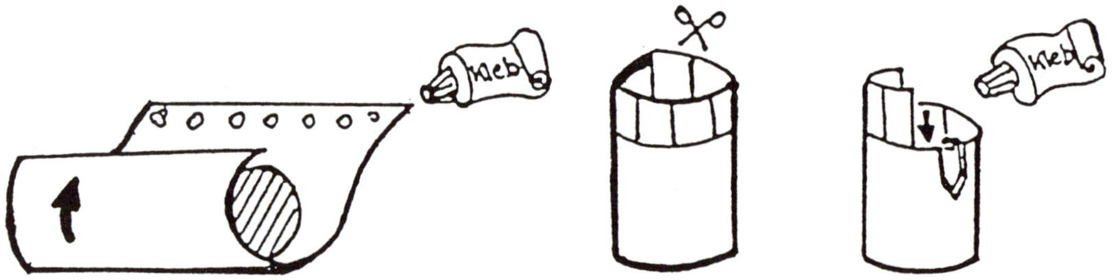

Kleb
Kleb

❸ So verbindest du verschiedene Verpackungsmaterialien:

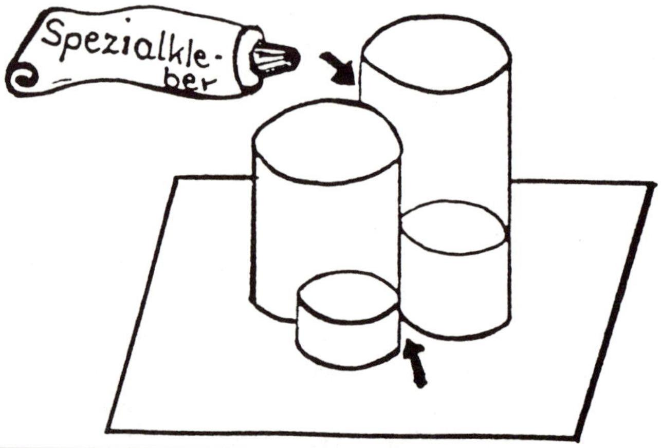

Spezialkle-
ber

1.4 Herstellung eines Werkstückes durch Bearbeiten von Papier

Formen flächigen Materials durch Biegen, Rollen, Falten in volumenhafte Körper
Erkennen der verbesserten Stabilität und erhöhten Belastbarkeit durch das Verformen
Wecken der Sammelfreude der Kinder, die jede Art von Papier aufheben.

Materialien:
Papiere jeglicher Art
dünne Pappe
Wellpappe

Hilfsmittel:
Schere
Kleber
Stifte
Lineal
stumpfe Nadel zum Ritzen der Faltlinien

Werkverfahren: Stabilisieren
Verwenden von Arbeitsplänen oder Zeichnen von eigenen Entwürfen
Aufstellen einer Arbeitsplanung
Genaues Berechnen des Arbeitsmaterials
Sorgfältiges Messen der Einzelteile
Vorsichtiges Durchritzen von Faltlinien
Verwenden von Fachbegriffen wie Hohlform, Ritzen, Begriffe aus dem Wortfeld „Stabilisieren"
Exaktes Zuschneiden/Kleben der Hohlformen

Spielerisches Erarbeiten:
Ein Kind muß vor die Tür. Die anderen einigen sich auf ein Wort, das erraten werden soll, beispielsweise „Stabilisieren". Dieses Wort wird in Silben zerlegt und dann von verschiedenen Gruppen oder von Einzelnen gleichzeitig vorgesagt. Aus dem Silbensalat muß das Wort „Stabilisieren" erraten werden.

Ergänzungen zum Arbeitsblatt 11:
Silbenrätsel: 1. Lineal, 2. Schere, 3. Klebstoff, 4. Papier, 5. Bleistift, 6. Radiergummi
Papier wird stabil durch: das Rollen, das Falten, das Biegen

Möglichkeiten zur schulischen und häuslichen Ausweitung:
1. Falten von Tüten aus verschiedenen Geschenkpapieren nach folgendem Schema:

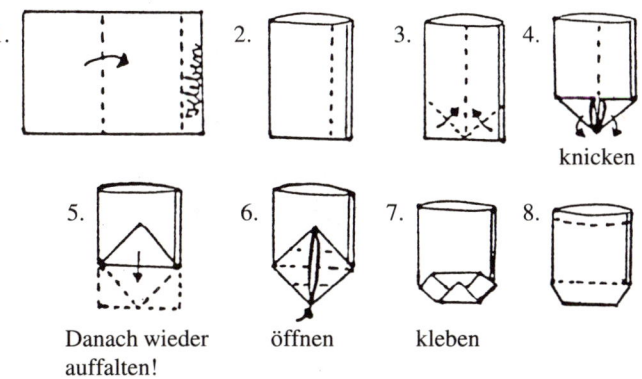

2. Falten eines Tipis nach Schema-Zeichnung:

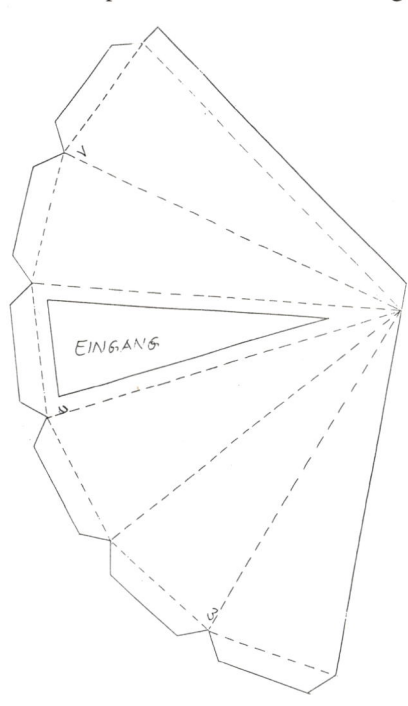

Spielerische Übungsformen z.B. beim „Bauen eines Indianerzeltes"

Indianerspiel

Ein Detektiv wird bestimmt, der sich vor die Türe stellt, ein weiters Kind wird nun zum Häuptling ernannt.
Der Detektiv darf wieder ins Zimmer kommen. Der Häuptling denkt sich nun verschiedene Laute oder Gesten aus, die alle anderen Kinder sofort nachahmen.
Der Detektiv soll aus der Gruppe den Häuptling herausfinden.

Adlerauge und Fummel

Alle Kinder, auch „Fummel", sitzen im Kreis. „Adlerauge" hat keinen Platz, er steht in der Mitte und kommandiert: „Kommando Mumie!"
Nun darf sich – außer Fummel – kein Kind mehr bewegen. „Adlerauge" schaut sich alle Kinder genau an, ihre Haltung, ihre Reihenfolge im Kreis, ihre Kleidung. Schließlich geht er hinaus, Fummel verändert irgend etwas an einem Kind z.B. läßt es die Beine überschlagen oder zieht ihm die Jacke aus oder läßt zwei Kinder ihre Plätze tauschen. Dann ruft er Adlerauge herein. Wenn der die Veränderung nicht entdeckt, bekommt Fummel eine der bunten Wäscheklammern als Anerkennung, sonst bekommt sie Adlerauge. Nach einem beliebigen Losverfahren oder durch Abzählen (alle geraden Zahlen sind Anwärter für Adlerauge, alle ungeraden für Fummel) werden andere Kinder ermittelt, die in der nächsten Runde Adlerauge und Fummel sind.

PAPIER

stabil

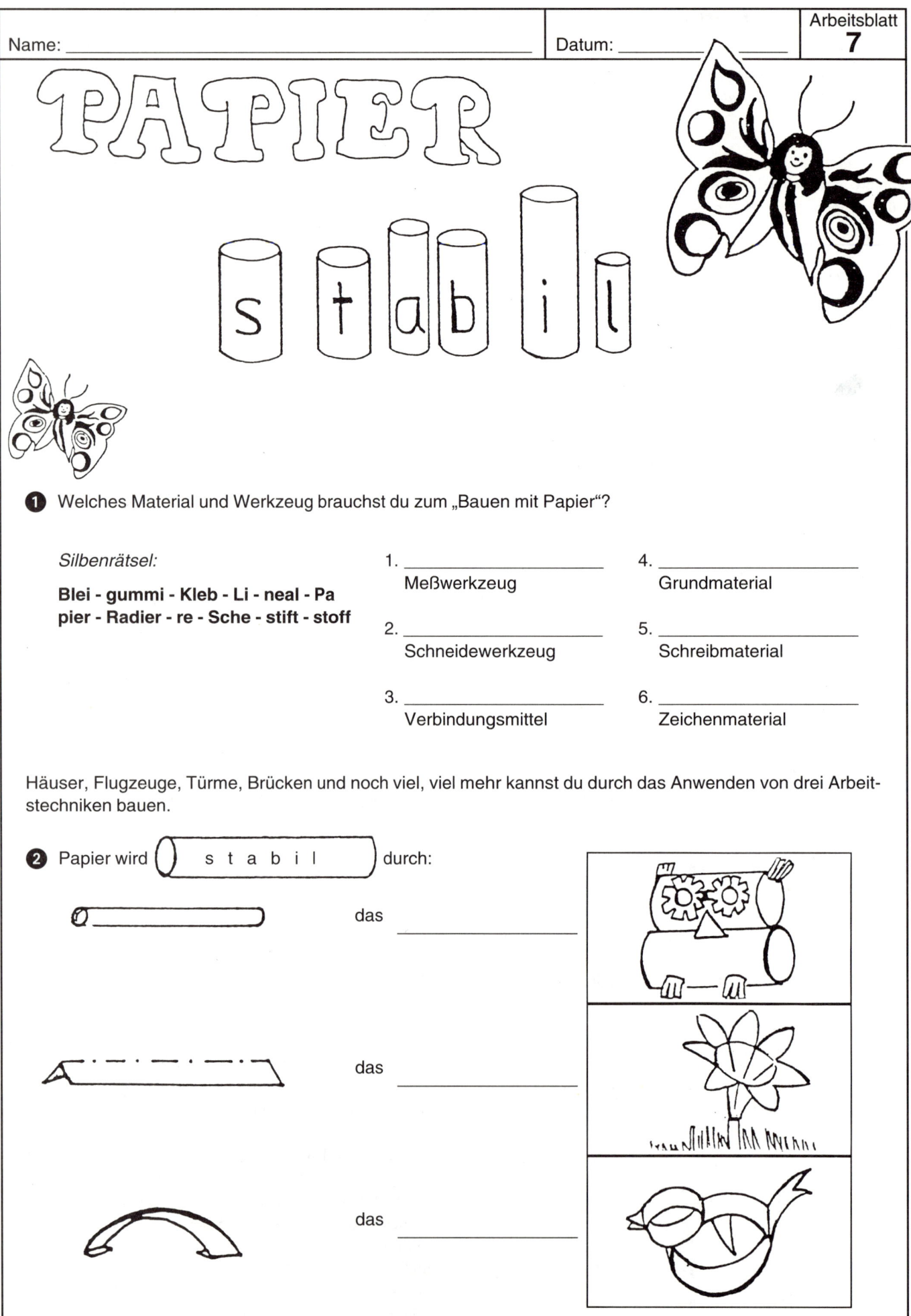

❶ Welches Material und Werkzeug brauchst du zum „Bauen mit Papier"?

Silbenrätsel:

**Blei - gummi - Kleb - Li - neal - Pa
pier - Radier - re - Sche - stift - stoff**

1. _____
   Meßwerkzeug

2. _____
   Schneidewerkzeug

3. _____
   Verbindungsmittel

4. _____
   Grundmaterial

5. _____
   Schreibmaterial

6. _____
   Zeichenmaterial

Häuser, Flugzeuge, Türme, Brücken und noch viel, viel mehr kannst du durch das Anwenden von drei Arbeitstechniken bauen.

❷ Papier wird (stabil) durch:

das _____

das _____

das _____

2. Plastisches Gestalten

Schaffen volumenhafter Grundformen *Entwicklung der schöpferischen Fähigkeiten*
Förderung der Handgeschicklichkeit *Aufzeigen der Wiederverwertbarkeit von Wegwerfmaterialien*
Sensibilisierung des Tastsinns

Material:
– Alle Arten von Papier, wie Zeitungen, Illustrierte, Prospekte ...: und Pappen, wie Eierkartons, Schachteln
– Tapetenkleister (nicht Spezialkleister)
– Materialien zum Ausgestalten, wie Federn, Seidenpapier, Wolle…

Hilfsmittel:
– dicke Kleisterpinsel
– Gefäße für Kleister und Farbe
– Scheren
– Luftballon
– Fäden zum Einschnüren des Pappmachékerns
– Malzeug (Wasserfarben)
– Abdeckungen für die Arbeitsplätze

Werkverfahren:
1. Anrühren des Tapetenkleisters
   Für 20 Kinder etwa 100 g Kleisterpulver in 5 l kaltem Wasser gut verrühren.
   Möglichst am Tag zuvor anrühren.
2. **Herstellen von Pappmaché** (Papiermasse)
   Gut saugendes Papier (Zeitung, Toilettenpapier, Umweltpapier,…) in kleine Stücke (2–3 cm groß) reißen. Mit heißem Wasser übergießen und evtl. eine Nacht stehen lassen. Nach dem Erkalten ausdrücken und mit dem Kleister mischen. Gründlich durchkneten, bis eine formbare Masse entsteht.
3. Modellieren mit Pappmachémasse
   Pappmachéarbeiten müssen um einen Kern (geknülltes und zusammengebundenes Zeitungspapier, leere Kartons,…) modelliert werden, da die Masse selbst nicht tragfähig genug ist.
   Geformte Gegenstände 3–10 Tage trocknen lassen.
   TIPs zum Arbeiten mit Papiermasse:
   Masse nicht zu feucht anrühren, da beim Trocknen der Gegenstand zu sehr schwindet. Durch die Verwendung von Eierkartons wird das Schwinden verhindert.
   Angerührte Papiermasse kann durch das Abdecken mit Folie und bei kühler Lagerung auch nach ca. 1 Woche noch verarbeitet werden.
   Das Lagern der geformten Gegenstände neben der Heizung oder in direkter Sonne beschleunigt den Trocknungsprozeß. Der Pappmachékern kann nach dem Trocknen evtl. entfernt werden.
   (Flasche, Teller, Luftballon,…)
4. Farbgestaltung
   Nur trockene Gegenstände bemalen.
   Eine Grundierung mit weißer, deckender Farbe steigert die Farbwirkung.

5. Schlußbehandlung
   Fertige Modelle nach dem Trocknen evtl. mit umweltfreundlichem Klarlack behandeln.

Eine weitere Arbeitstechnik beim Arbeiten mit Kleister und Papier ist das Ankleistern von Papierstreifen – **Kaschieren**:
Zeitungspapier in Längsstreifen reißen.
Streifen durch Tapetenkleister ziehen oder mit Kleister bestreichen.
Papierkern oder Luftballon mit den Streifen bekleben.
Mehrere Schichten übereinander erhöhen dabei die Stabilität.
TIPs zum Arbeiten mit Papierstreifen:
Angesetzte Teile (Schnabel, Ohren, Flossen,…) durch mehrere Papierstreifen am Papierkern befestigen.
Ansatzteile können aus Karton gefertigt oder durch das Knüllen von Zeitungspapier geformt werden.

Beide Arbeitstechniken können miteinander kombiniert werden. Bei beiden Techniken empfiehlt es sich, auf die gleichmäßige Dicke der Schichten zu achten.
Ein Abdecken der fertigen Gegenstände mit einer Schicht weißem Seidenpapier, Schreibmaschinenpapier oder Umdruckpapier erleichtert das Bemalen, erspart das Grundieren mit weißer Deckfarbe und schafft außerdem eine glatte Oberfläche.
Angesetzte Teile, wie Nase, Flossen,…sollten überdimensional geformt werden, um den gestalterischen Ausdruck zu erhöhen.

Möglichkeiten zur schulischen und häuslichen Ausweitung:
Motive beispielsweise für „Knüllplastiken" aus Papier:

Fische   Schneemänner
Vögel   Schäfchen
Eulen   Ballschlucker

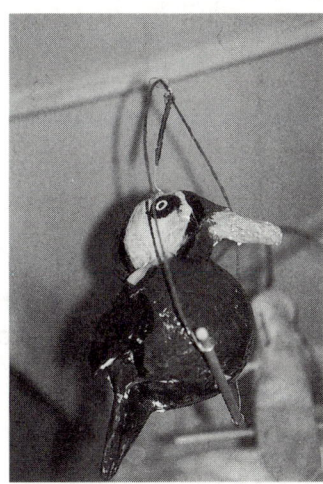 

Literaturhinweis: Renate Henge, Bastelspaß mit Luftballons und Pappmaché, Topp-Frech-Verlag 1991

Wir arbeiten gern mit Kleister
und

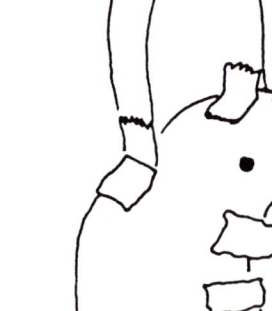

PAPIER

Das ist alles, was du dazu brauchst:

einen Luftballon
etwas Tapetenkleister
Zeitungspapier
zum Ausschmücken: verschiedene Papiere, Karton, Wassermalfarben, Wolle, Perlen …

So wird's gemacht:

● Rühre den Tapetenkleister an.

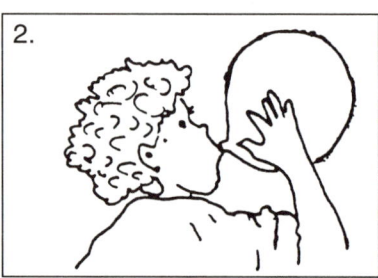

● Blase einen Luftballon auf und verknote ihn gut.

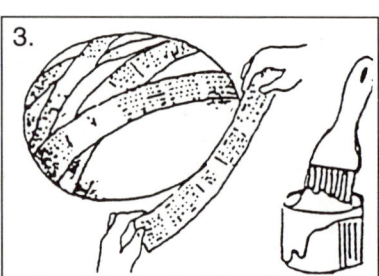

● Reiße Zeitungspapier in schmale Streifen und bestreiche diese gut mit Kleister.
Beklebe den Luftballon mit 3 oder 4 Schichten.

● Durch das Bekleben mit Seidenpapier bekommt dein Luftballon bereits jetzt Farbe.

● Nun laß den Luftballon etwa 2 Tage gut trocknen.

● Jetzt geht's ans Ausgestalten! Wie wäre es mit einem Stehauf-männchen oder einem Lampion?

PLASTISCHES

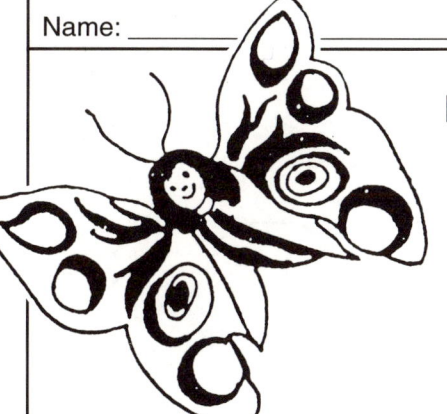

Lustige Ideen zum Nacharbeiten!

❶ Stehaufmännchen:

Bauch:

● Kaschiere zunächst einen Luftballon mit Streifen aus Zeitungspapier.

● Schneide nach dem Trocknen oben ein Loch zum Aufsetzen des Kopfes.

● Fülle Kieselsteine in den Bauch.

Kopf:

● Knülle Zeitungspapier zu einer Kugel.

● Mit Papierstreifen kannst du den Kopf am Bauch befestigen.

● Schmücke nun dein Stehaufmännchen aus! (Wattekugeln, Ziehharmonika, Halskrause…)

❷ Lampion: Stelle die Grundform aus Transparentpapier her.

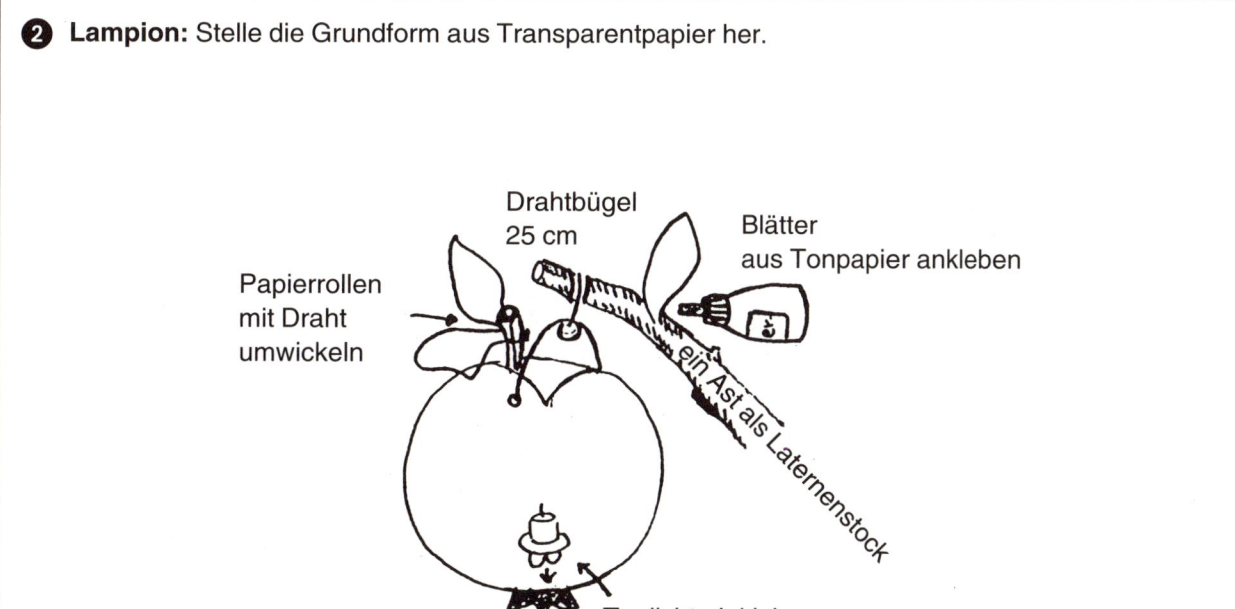

Drahtbügel 25 cm

Blätter aus Tonpapier ankleben

Papierrollen mit Draht umwickeln

ein Ast als Laternenstock

Teelicht einkleben

Name: _____ Datum: _____

Aus Kleister und

PAPIER

wird

PAPPMACHÉ	PAPPMACHÉ	PAPPMACHÉ
herstellen	modellieren	ausgestalten

3 Eßlöffel Tapetenkleisterpulver und 3 Tassen Wasser anrühren

Ausgeblasene Eier oder Kunststoffeier mit Öl bestreichen

3 Tage trocknen lassen

dazugeben

Mit Pappmaché modellieren

Grundform entfernen!

Masse gut durchkneten

Angesetzte Formen fest andrücken!

Zuerst mit weißer, deckender Farbe grundieren. Anschließend im getrockneten Zustand bemalen

20

PLASTISCHES

3. Werken mit Naturmaterial

Lösen von Aufgaben aus dem linearen, flächigen und volumenhaften Gestalten
Spielerischer Umgang mit natürlichen Materialien
Anbahnung persönlicher Wertbildungen hinsichtlich Natur und Umwelt

Herstellung eines Werkgegenstandes aus Naturmaterial

Materialien:

Naturmaterialien wie gepreßtes Herbstlaub, Rinde, getrocknete Zapfen, Äste, Beeren, Kastanien, Eicheln, Bucheckern usw., Kork, Steine,

TIP: Laubarten wie Wilder Wein und Felsenbirne nicht verwenden (rascher Zerfall, Farbveränderung)

Hintergrund: Papier, Tapete, Holzscheiben, Korkplatten (Korkplatten sind in Geschäften für Bodenbeläge und Tapeten erhältlich), kräftiges Papier für Geschenkkarten

Zur Ausgestaltung: Filz, Rupfen, Baumwolle, Wolle, Hanf, Holzperlen usw.

Hilfsmittel:

Dem Naturmaterial angepaßte Klebstoffe, bei Blätterarbeiten säurefreien Kleber wegen Farbveränderungen verwenden; Holzleim bei der Arbeit mit Zapfen, Rinden; Hölzer einsetzen (erhöhte Festigkeit)

Schere - Allzweckschere oder alte Schere

Zahnstocher oder Holzspieße für Steckverbindungen, z. B. Kastanien

Vorstecher, nur für die Hand des Lehrers

Werkverfahren:

Sammeln

Vorbereitung der Naturmaterialien:

Pressen der Blätter – verhindert das Zusammenrollen und den raschen Zerfall

Preßmöglichkeiten: Blumenpresse, dicke Bücher; Blätter zwischen eine Zeitung unter den Teppich legen

Zapfen und Rinden im warmen Raum gut trocknen

Regeln zum flächigen, linearen Gestalten:

Blätter schuppenartig anordnen

Blätter nie zerschneiden oder zerreißen, sondern die natürliche Form des Blattes wirken lassen

Kleberauftrag sparsam innerhalb der Form

Blätter mit leichtem Druck anpressen

Ausnutzung der natürlichen Formen des Materials zur Verwirklichung der individuellen Gestaltung bzw. dem Motiv entsprechend, z. B. runde, ovale Blätter für Köpfe

Blätter der Größe des Hintergrundes anpassen, z. B. Gemeinschaftsarbeiten auf Tapetenrolle mit großflächigen Blättern

Regeln zum volumenhaften Gestalten: Hier auf haltbare Verbindungen und Standfestigkeit achten

Verbindung der Naturmaterialien durch Leimen und Stecken

TIPs:

Natürliche Farben nicht verändern, nicht bemalen

Naturgegebene Formen dem Gegenstand entsprechend ausnützen

Das Sammeln und Pressen der Naturmaterialien kann als gemeinsamer Unterrichtsgang und Gemeinschaftsarbeit durchgeführt oder als vorbereitende Hausaufgabe erteilt werden

Versiegeln der Schülerarbeiten durch Überziehen mit Selbstklebefolie oder Besprühen mit Lacken oder Haarspray erhöht die Haltbarkeit und intensiviert die Farbwirkung

 Unfallgefahr bei der Herstellung von Steckverbindungen beachten!

Planung der Unterrichtseinheiten:

1. UE: Erarbeitung anhand Arbeitsblatt 11 Naturmaterialarten und Vorbereitungsarbeiten

2. UE: Unterrichtsgang – sammeln, sortieren, pressen, trocknen

3. UE: Gestaltungsvorgang

TIP:

Effektiver Einsatz dieses Materialbereiches bei der Durchführung von Wandertagen, Schullandheimaufenthalten oder schulischen Umweltprojekten

Bau einer Flaschenmühle:

1. Bemale mit Plakafarbe eine Flasche als lustiges Mühlenhäuschen.
2. Verschließe die Flasche mit einem Korken.
3. Lege dir Federn, Perlen, Korken, Draht oder lange Nägel bereit. Spieße verschiedene dicke Korkscheiben und bunte Perlen im Wechsel auf einen langen Nagel oder einem Drahtstück auf.
4. Bohre jetzt seitlich oder oben ein Loch in den Flaschenkorken, und stecke die Federn alle in gleicher Richtung schräg hinein.

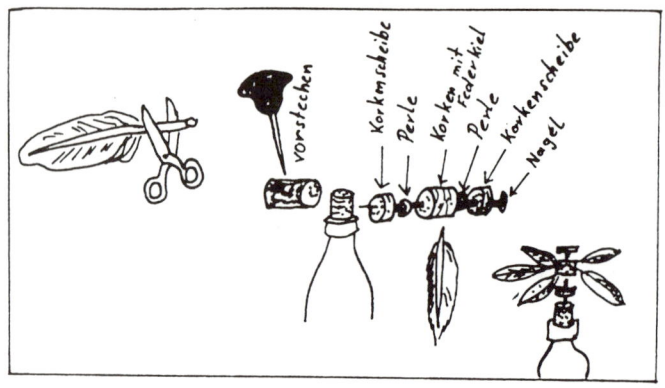

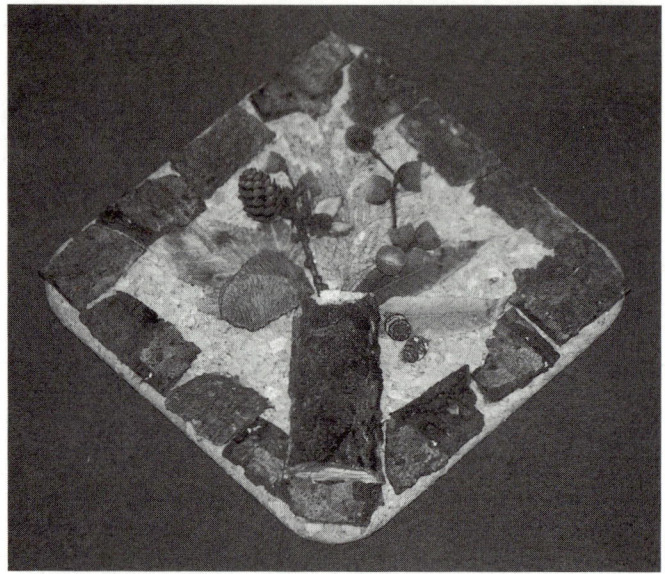

Wandbild auf Korkplatte oder Wandfliese

Gemeinschaftsarbeit „Der Herbst"
Anlehnung an Guiseppe Arcimboldo

Durchführung:

Sammeln von Naturmaterial z. B. Getreide, Blätter, Kastanienschalen, Rinden, getrocknete Obstscheiben usw.

Anordnen zu einem Gesicht

Festkleben – Leimen

oder

Sammeln von Werbeprospekten

Ausschneiden verschiedener Früchte, Blätter, Blumen, Gräser, Bäume und Sträucher

Gruppieren zu einem Gesicht

Festkleben

Eule

Möglichkeiten zur schulischen und häuslichen Ausweitung:

Floßbau aus gesammelten Hölzern mit Gräsern als Verbindungsmaterial

Wandkachel mit verschiedenen Naturmaterialien auf Gipsbasis (muß unbeding lackiert werden!)

Blumenkarten und Blütenschachteln

Windmühle mit Windflügeln aus Federn

Krippe aus Rindenteilen

Blockhaus aus Ästen

Wandbilder auf Korkplatten (Thema z. B. Baum)

Waldgeister

Kränze binden

Wichtelmännchen aus Zapfen als Christbaumschmuck

Spielerische Übungsformen:

1. Wortspiel: Ich heiße Andi und sammle Ahorn:

Ein Kind nennt einen Buchstaben und ruft ein anderes Kind auf. Das zweite Kind antwortet z. B. Ich heiße Bernd und sammle Bucheckern.

2. Gegenstände erraten:

Die Kinder tasten mit verbundenen Augen die Naturmaterialien ab und raten, um welches Naturpodukt es sich handelt.

3. Fingerspiel: Das ist der Daumen. – Der schüttelt die Pflaumen. – Der hebt sie auf. – Der trägt sie nach Haus. – Und der Kleine ißt sie alle auf.

❶ Finde die Naturmaterialien heraus und kreuze sie an!

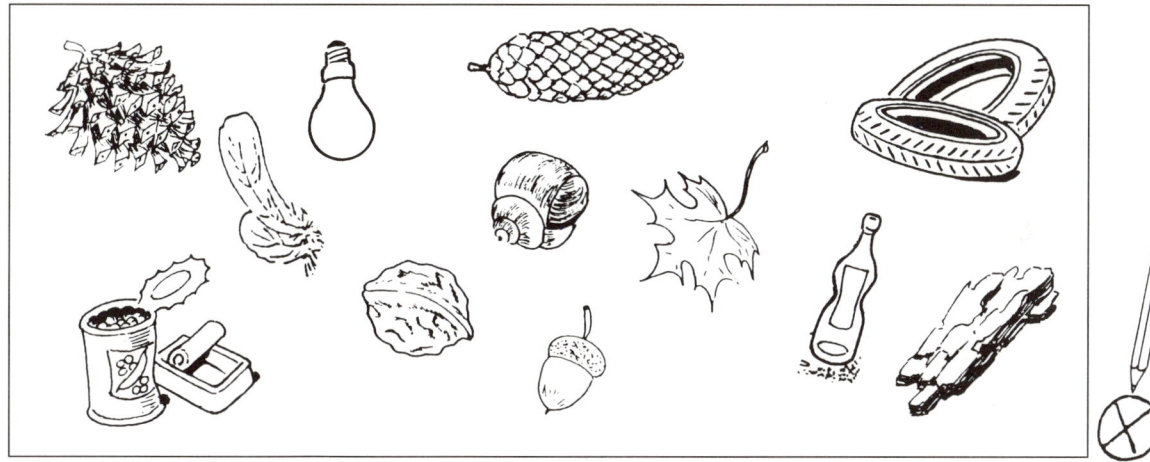

❷  Im Herbst kannst du prima Blätter sammeln.

Erkläre, wie du die Blätter pressen kannst!

Klebe hier dein gepreßtes Lieblingsblatt auf.

So entsteht eine Geschenkkarte

Lege die gepreßten Blätter auf eine Karte. In welcher Lage sehen sie am schönsten aus? Dann klebe sie fest. Du kannst auch einen kurzen Glückwunsch dazuschreiben

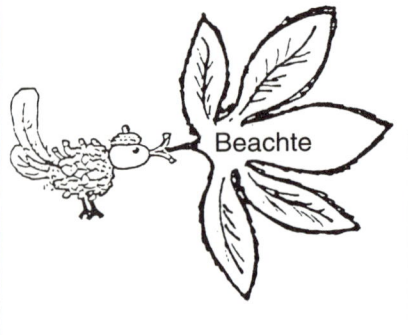

Beachte

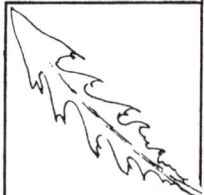

Memory aus gepreßten Blättern

Sammle möglichst viele verschiedene Blätter. Immer zwei von jeder Blattart. 20 Blattpaare sollten entstehen. Schneide 10 x 10 cm große Karten aus festem Karton zu. Klebe auf jede Karte ein Blatt auf.

Das Spiel kann beginnen.

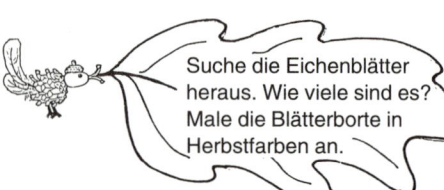

Suche die Eichenblätter heraus. Wie viele sind es? Male die Blätterborte in Herbstfarben an.

4. Grunderfahrungen im Bearbeiten von Holz

Schaffen von volumenhaften Formen.
Schulung der optisch/haptischen Wahrnehmung.
Entwicklung und Förderung der Ausdauer sowie Hinführung zur genauen Arbeit.
Erspüren und Überwinden des Holzwiderstandes durch den Einsatz der eigenen Körperkräfte.
Schätzenlernen der eigenen Werke.
Hilfen bei verhaltensauffälligen Schülern zum Abbau von Aggressionen, Hypermotorik und Antriebslosigkeit.

Material:
Weichholz wie Kiefer oder Fichte
(Hartholz gegenüberstellen, beispielsweise Eiche)

Hilfsmittel:
Raspel/Feile
Merkmale:
  Griff = Heft
  Zähne = Hieb
verschiedene Formen:
  rund, halbrund, flach, vierkant…
Feinheitsgrad:
  nach Anzahl der Hiebe pro m^2: mittel, grob, fein

Schmirgelpapier/Schleifkorken:
verschiedene Arten von Schmirgelpapier
  (Holz- oder Metallschmirgelpapier)
Körnung:
  Je höher die Zahl, um so feiner das Schmirgelpapier. Die geeignete Körnung für Holz liegt bei 40–240.
Wachse, Leinöl etc., Pinsel, Lappen

Werkverfahren
Raspeln/Feilen
  Werkstück in den Schraubstock einspannen
  mit Druck von sich weg arbeiten
  in Schrittstellung arbeiten
  Werkzeug mit beiden Händen führen
  möglichst mit der Maserung arbeiten
Reinigen des Werkzeuges:
  Hieb mit der Feilenbürste ausbürsten

Schmirgeln bzw. Schleifen
Ein Abschnitt des Schmirgelpapiers wird jeweils um einen glatten Schleifkorken gelegt und in der Faserrichtung bewegt.
Aus den Flächenporen wird der Staub durch eine Bürste herausgebürstet.

Wachsen/Polieren
Möbelwachs, Bohnerwachs oder farblose Schuhcreme: kräftig mit einem Lappen in die gut geglättete Holzoberfläche einreiben.
Lack: ein schnelltrocknender Lack wird mit einem Haarpinsel aufgetragen.
Anschließend wird mit einem weichen Lappen gut poliert.

Methodische/didaktische Hinweise:
Werken ist kein Basteln! Das Wort Basteln kommt von Bast, der als Bindematerial benutzt wird. Beim Werken gibt es andere Verbindungsmöglichkeiten je nach dem verwendeten Material, z. B. nageln, leimen, stecken, schrauben etc.
Anwenden von Fachbegriffen im Unterricht wird gefordert.
Eine Werkbetrachtung der beendeten Arbeit ist ratsam, da jeder über seine praktischen Erfahrungen berichten kann, und so ein Lernzuwachs gegeben ist.
Gute Arbeiten können erst entstehen, wenn die Eigenarten des Materials erkannt sind und im Umgang mit den Werkzeugen etwas Geschicklichkeit erworben wurde.
„Es ist noch kein Meister vom Himmel gefallen!" Deshalb sollte unbedingt das Unterrichtsprinzip „vom Leichten zum Schweren" beachtet werden.

 Lege, bevor du zu arbeiten beginnst, das Werkzeug bereit!
Arbeite, wenn erforderlich, mit deinem Partner zusammen!
Halte Ordnung am Arbeitsplatz, sie gibt dir Übersicht und erleichtert dir die Arbeit!
Denke daran: „Werkzeuge sind keine Spielzeuge!"

Zur spielerischen Auflockerung:

Zungenbrecher:
Hinterm Hirtenhäusel hackt Hans Holz.
Hätte Hannchen Hans Holz hacken hören,
hätte Hannchen Hans Holz hacken helfen.

Scherzfrage:
Was geht in einem fort um den Baum herum, ohne müde zu werden? (Die Rinde)

Puzzle:
Dazu eignen sich Abbildungen von Bäumen oder Wäldern (evtl. Kalenderblätter), Holzgegenständen oder Holzquerschnitte, die auf Karton aufgezogen werden.

Ergänzung zum Arbeitsblatt 13:
– in Schrittstellung
– vom Körper weg
– möglichst mit der Maserung

Holzschiff

Holzpuppen

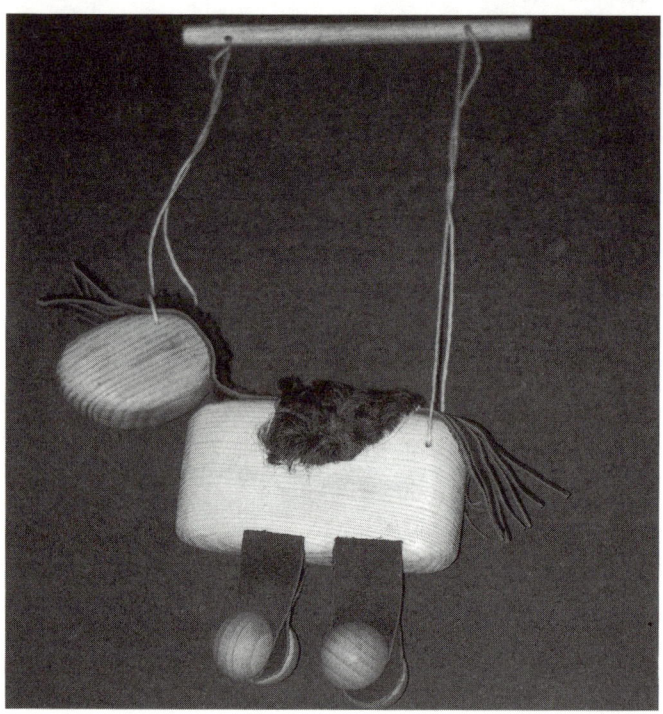

Pferdchen

Folie:

Ein Spiel mit den Jahresringen

Herr Käfer ist unterwegs zu seinem Winterquartier in der Mitte des Baumstumpfs. Suche den Weg für ihn!

Name: _____ Datum: _____

**Die Geschichte vom Holzkasperl,
der ein richtiger Schreiner wird.**

Deshalb r a s p l e und f e i l e :

5. Grunderfahrungen im Bearbeiten von Metall

Einfache Zier- und Schmuckgegenstände aus Metall herstellen.
Schulung der akustischen/optischen Wahrnehmung.
Eigenverantwortlicher Umgang mit Material und Werkzeug (Unfallgefahr)

Die verschiedenartigen metallischen Werkmaterialien, z. B. Metallfolie, Draht, dünne Bleche…, verlangen ein Anpassen an den Entwicklungsstand des Kindes. Daraus ergibt sich ein kontinuierlicher Aufbau:

1. Prägen von Metallfolie: 2. Jahrgangsstufe
2. Arbeiten mit Draht: 3. Jahrgangsstufe
3. Arbeiten mit Blechen: 4. Jahrgangsstufe

Material/Hilfsmittel:

1. Metallfolie
   Prägeunterlage (Teppichfliese, Telefonbücher, Zeitungen…)
   Prägewerkzeuge (Kugelschreiber, Stifte, Stricknadeln…)
2. Draht in verschiedenen Stärken und Metallarten
   Rundhölzer
   verschiedene Zangen
   Seitenschneider
   Blechschere
   „Faulenzer"

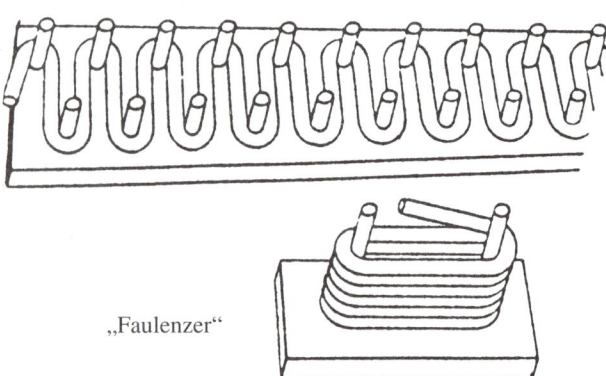

„Faulenzer"

Biegen von Draht, z. B. mit dem „Faulenzer"

3. Bleche (Blechstreifen, Metalldosen etc.)
   Unterlage
   Prägewerkzeuge: Körner, Punze, Schlosserhammer, Schere, Nagel, Vorstecher…

Ergänzungen zum Arbeitsblatt 14:
Prägen – Vorsicht, Metall hat scharfe Kanten!

Methodischer Hinweis zum Arbeitsblatt 16:
Unterrichtsgespräch vor dem Herstellen des Entwurfs: Es gibt viele Anlässe zum Verschenken dieser Gebäckform, z.B.: Frühlingsfest (Vogel), Geburtstag, Taufe, Silvester.

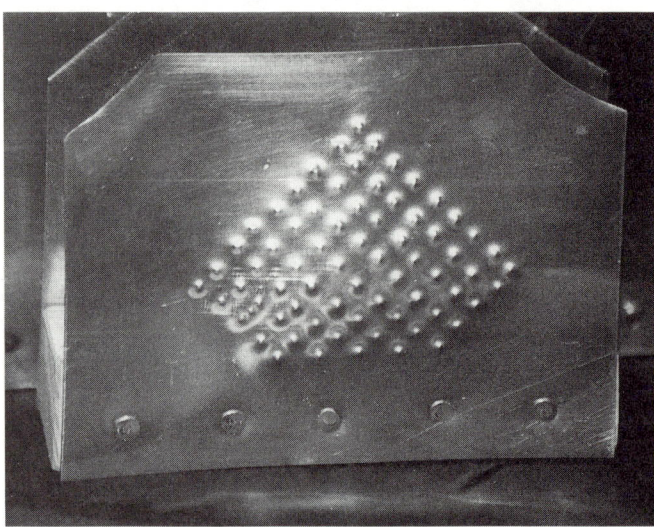

Photo 12: Geprägter Briefhalter (4. Jgst.)

Photo 13: Stehaufmännchen aus Draht (3. Jgst.)

Photo 14: Wandbild Auto aus Metallteilen (4. Jgst.)

Ausweitung zum Arbeitsblatt 16:

Mit diesem Teig kannst du deine Ausstechformen ausprobieren!

Mürbteig:

200 g	Mehl	
100 g	gemahlene Mandeln	
2 Msp.	Backpulver	Alle Zutaten zu einem glatten Teig verkneten
100 g	Zucker	und eine halbe Stunde kalt stellen
1	Ei	
125 g	Margarine	
1	Zitronenaroma	

Den Teig auf einer bemehlten Fläche fingerdick ausrollen.
Formen ausstechen und auf ein mit Backpapier ausgelegtes Blech legen.
Ofen auf 200˚C vorheizen
Backzeit: 8–10 Minuten

Spielerische Ubungsformen   *Lösungswort:* _____

Viel Spaß beim Lösen dieses „metallischen" Rätsels!!!!

		¹M	E	T	A	L	L		
	²Q	U	E	C	K	S	I	L	B	E	R
³H	E	F	T						
		⁴A	N	R	E	I	S	S	E	N
	⁵A	L	U	M	I	N	I	U	M
	⁶B	L	E	I					
⁷S	T	A	H	L	W	O	L	L	E
⁸K	U	P	F	E	R				
		⁹B	L	E	C	H			
¹⁰F	I	N	N	E					
¹¹P	U	N	Z	I	E	R	E	N	
	¹²G	R	A	T					

1. Bezeichnung für das für unseren Gegenstand verwendete Material.
2. Name eines flüssigen Metalls.
3. Bezeichnung für den Griff der Feile.
4. Fachausdruck für das „Aufzeichnen" auf Metall.
5. Ein sehr leichtes Metall.
6. Name eines schweren und giftigen Metalls.
7. Werkzeug/Material zum feinen Glätten von Metall.
8. Name eines weichen, rötlichen Metalls.
9. Bezeichnung für gewalztes Metall.
10. Bezeichnung für die Spitze des Schlosserhammers.
11. Arbeitsvorgang zur Oberflächenveränderung.
12. Andere Bezeichnung für die Schnittkante bei Metallteilen.

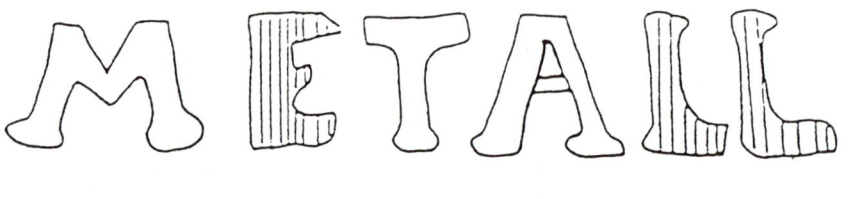

Wir brauchen:

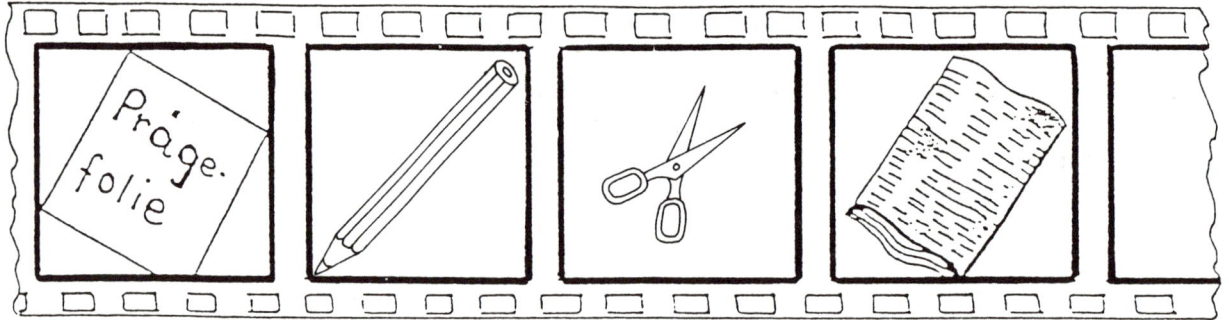

So prägen wir:

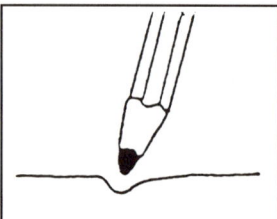

❶ Arbeite auf einer glatten, weichen Unterlage!

❷ Drücke alle Linien so kräftig durch, daß die Spur auf der Rückseite sichtbar wird!

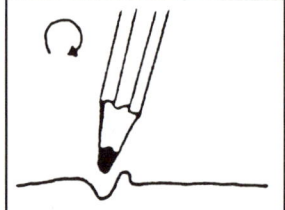

❸ Präge das Muster von beiden Seiten!

DRAHT

1. Diese **W e r k z e u g e** helfen dir, Draht zu formen:

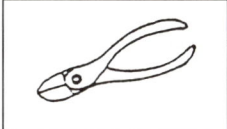  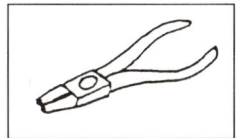

Seitenschneider   Flachzange   Rundzange

2. Die einfachste Art, Draht zu verarbeiten, ist das **B i e g e n** von
   Ringen und Ösen:

Drahtringe stellst du her, indem du den Draht über
ein Rundholz wickelst!
(Auch ein glatter Bleistift eignet sich dazu!)

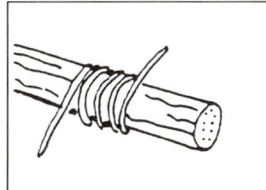 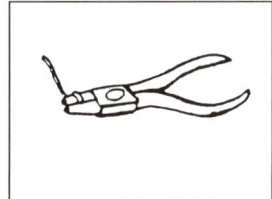

> ⚠ Frei wippende Drahtenden können leicht ins Auge gehen!

Ein Schmuckanhänger aus

DRAHT

Du brauchst dazu:
– Silber-, Messing oder Kupferdraht (Drahtlänge pro
  Spirale: ca. 50 cm) mit einer Stärke: 0,04 mm oder
  0.06 mm
– verschiedene Perlen

Diese Werkzeuge helfen dir:
– Rundhölzer (Bleistifte, Stricknadeln…)
– Seitenschneider
– Rundzange

1. Spirale wickeln:

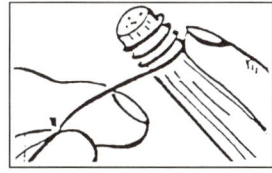

● Wickle den Draht *fest* um das Rundholz!

2. Spiralen schließen:

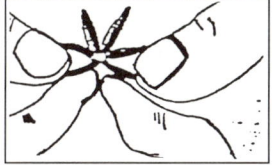

● Stecke einen 10 cm langen Drahtrest
durch die Spirale und drehe die Enden
eng zusammen!

● Fädle nun den Aufhänger mit Hilfe der
Bilder selbständig auf!

3. Auffädeln:

a) erste Perle   b) Spirale, Perle…   c) letzte Perle

      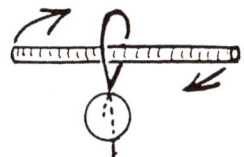

Geschenkideen

Ausstechformen aus Weißblech

Dazu brauchst du:
Bleistift
Karton
Schere für Papier
Feinblechschere
Metallfeile
Alublech ab 0,4 mm
(ca. 2 cm breit, 60 cm lang)

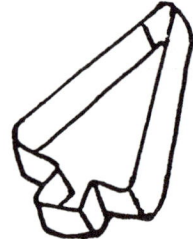 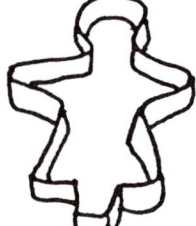

❶ Zeichne deinen Entwurf auf Karton auf und schneide ihn aus!

❷ Beim Schneiden mit der Feinblechschere können an der Schnittkante sogenannte Grate entstehen. Durch Feilen mit der Metallfeile werden diese scharfen Kanten entgratet.

Gib durch einen Pfeil die Arbeitsrichtung zum
Entgraten an!

❸ Nun umforme deinen Entwurf mit dem Weißblechstreifen.

Diese Werkzeuge helfen dir dabei:

Die Flachzange:

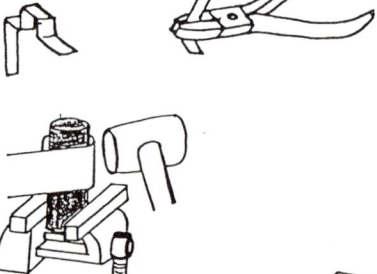

Das Rundholz und der Holzhammer:

Der Schraubstock mit Schutzbacken:

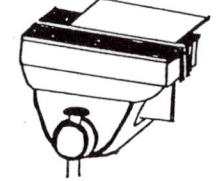

Schau dir die Bilder genau an, und beschreibe das Vorgehen beim Arbeiten!

❹ Das Abrunden der Ecken mit der Feile:

Vergleiche es mit dem Entgraten
und stelle Unterschiede heraus.

❺ Die Enden kannst du umformen und/oder mit einem Spezialkleber zusammenkleben.

6. Werken mit Ton

Schaffen von volumenhaften Formen
Schulung der optischen und haptischen Wahrnehmung
Förderung der schöpferischen Kreativität
Entwicklung und Förderung von Gewissenhaftigkeit,
Ausdauer sowie Hinführung zur Genauigkeit
Erziehung zur entspannenden Freizeitgestaltung und Schätzen von eigenen Werken
Hilfen zur therapeutischen Behandlung

Material:
fetter Ton (glatt, glänzend, geschmeidig, läßt sich ziehen)
mittlerer Ton (eine Mischung aus magerem und fettem Ton)

Hilfsmittel:
Tonabschneider, beispielsweise Schneidedraht oder Draht-
    schlinge
Tonmesser, Modellierstäbchen, Bleistifte…(zum Mustern)
Holzleisten
Rundholz
Unterlage (z. B. Holzbrettchen)
feuchtes Tuch
Plastiktüte zum Aufbewahren
Schürze

Werkverfahren:
Grundtechnik
z. B. Formen eines Igels

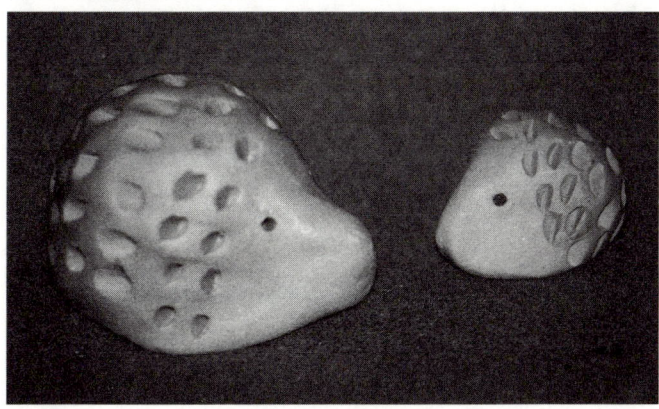

Regeln im Umgang mit Ton:
Ton „schlagen", um Lufteinschlüsse zu entfernen
Ton zügig verarbeiten, da er austrocknet
aufgesetzte Teile anschlickern oder Ton anritzen
massive Gegenstände aushöhlen
beim Formen kein Wasser verwenden, sonst entstehen später
    Risse
TIP:
1. Dünne, flache Gegenstände mit einer Plastiktüte oder einem feuchten Tuch abdecken, so wird ein Verformen
   während des Trocknungsprozesses verhindert.
2. Gegenstand auf einem Holzbrett trocknen lassen.
   Beim Trocknen auf eine gleichmäßige Temperatur achten.

3. Wird der Gegenstand in einer Unterrichtsstunde nicht fertig, so kann er einige Tage in einer gut verschlossenen Plastiktüte aufbewahrt werden.
4. Durch Brennen wird die Haltbarkeit des Tongegenstandes
   erhöht, darum sollten gerade Schülerarbeiten immer ge-
   brannt werden.

Aufbautechnik
Arbeitsblatt 18: Aufbau eines Schälchens
1. Ton vorbereiten
2. Kugel formen
3. Herstellen der Grundplatte

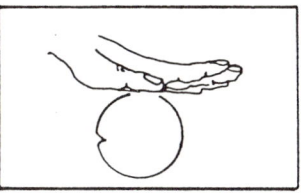

Kugel formen!   Mit dem Handballen Platte
                                 gleichmäßig drücken!

Platte mit Hilfe von 2 Holzleisten auswellen, Form ausschnei-
    den (evtl. mit Hilfe einer Schablone)
Tonplatte abnehmen, verstreichen, mit feuchtem Tuch ab-
    decken
4. Wulst formen und aufsetzen:
Ton abschneiden, schlagen.
Fest zur Wulst drücken, daumendick weiterrollen, bis der
Umfang der Grundplatte erreicht ist.
Wulst anritzen, ebenso die Grundplatte
Wulst am Rand aufsetzen, innen und außen gut verstreichen

Tasse

Plattentechnik:

Arbeitsblatt 19: Wickeln einer Vase *oder*

Ton vorbereiten, zu einer dickeren Rolle formen

Ton zwischen zwei gleichhohen Leisten (ca. 5 mm) zu einem
  größeren Oval auswellen

mit Hilfe einer Holzleiste eine lange Seite geradeschneiden

Tonplatte übereinanderschlagen (Hohlform bilden)

die übereinanderliegenden Teile mit dem Messer leicht mar-
  kieren – innenliegende, überstehende Teile können wegge-
  schnitten werden

die markierten Stellen mit dem Messer rautenförmig einritzen

evtl. mit dem Finger dick Schlicker auftragen

die Teile wieder übereinanderschlagen und gut festdrücken,
  dabei evtl. heraustretenden Schlicker mit dem Finger weg-
  streichen

Tonplatte für den Boden auswellen

Hohlkörper daraufstellen

die Grundplatte mit dem Messer 2 mm größer ausschneiden

überstehenden Ton der Bodenplatte mit dem Finger nach
  oben sauber verstreichen

TIP:

Die Tonplatte für die Hohlform kann über ein Hilfsmittel, wie
z.B. über einen leeren Verpackungsbehälter, geformt werden.

Evtl. mustern des Hohlkörpers:

a) durch Aufsetzen von Tonteilen, beispielsweise Blätter in
   Schlickertechnik

b) durch Eindrücken von Linien und Mustern mit der Holzleiste

c) durch Betupfen der Oberfläche mit einem dicken Rauhpin-
   sel

Erläuterungen zu Fachbegriffen:

schlagen: Das Tonschlagen befreit den Ton von Lufteinschlüssen. Dabei schlägt man den Ton auf die Arbeits-
   platte mehrmals von allen Seiten.

kneten: Das Tonkneten hat dieselbe Funktion. Würden im
   Ton Lufteinschlüsse verbleiben, könnte sich die Luft
   beim Brennen ausdehnen, und es entstünden Risse.
   Bei großen Lufteinschlüssen könnte es sogar zum Ex-
   plodieren der Werkstücke kommen. Der Knetvorgang
   ist mit der Arbeitsweise des Brotknetens vergleichbar.

Schlicker: Mit Wasser aufbereiteter, flüssiger Ton zum Verbinden von Tonteilen.

*Definitionen aus dem Buch: Töpfern leicht gemacht von Linda
Thier, Augustus Verlag, Augsburg 1990*

Ergänzungen zu den Arbeitsblättern:

2. Tonabschneider – 3. Unterlage – 4. Messer – 5. Modellierstäbchen

Spielerische Ausweitung: Silbenrätsel

1. Drahtschlinge; 2. Modellieren; 3. Schlicker; 4. Schlagen; 5.
Glasur; 6. Töpfer; 7. Wulsttechnik; 8. Luft; 9. Schrauben; 10.
Nudelholz

Bilderrätsel

1. Ohr; 2. Eimer; 3. Pinsel; 4. Fisch; 5. Ente; 6. Rettich; Lösungswort: Töpfer

Möglichkeiten zur schulischen und häuslichen Ausweitung:

zur Grundtechnik:
Tierfamilien
Phantasietiere
Bleistifthalter, z.B. Igelform
Glockenmobile
Schälchen
Vase…

zur Wulsttechnik:
Kresse-Igel
Becher
Vasen…

zur Plattentechnik
flache Platten:
Spiegelrahmen
Mühlespiel
Solitärspiel
Baumbilder
Broschen, Anhänger…
gewölbte Platten:
kleine Schalen
Blätterschalen
Kerzenständer
Eierbecher…
aus Platten aufgebaut:
Dosen
Lasagneform
Schalen
Vasen…

Solitärspiel

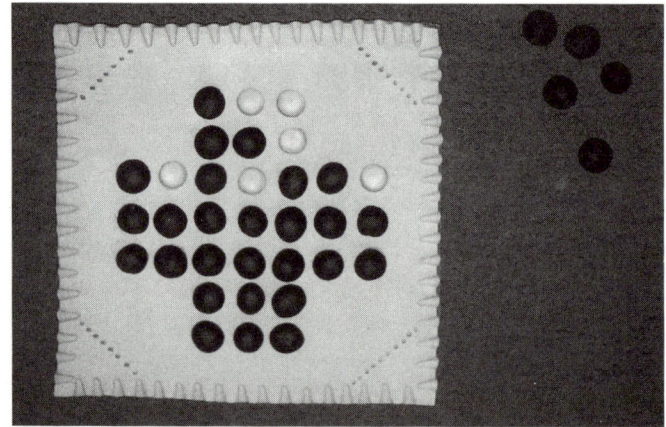

Wandfliese

Benenne die Werkzeuge für die Tonarbeit:

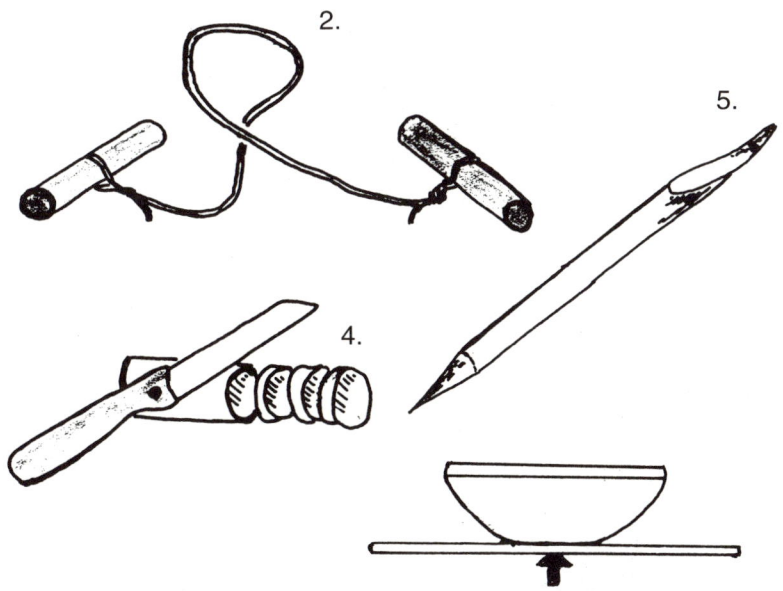

2.

5.

4.

3.

1.	*HÄNDE*
2.	
3.	
4.	
5.	

Zuerst muß der Ton vorbereitet werden:

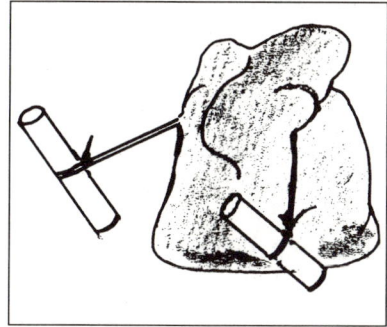

schneiden

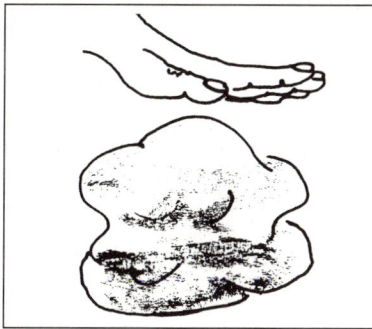

schlagen

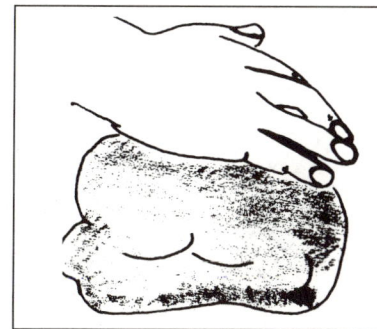

kneten

Beachte: Bleiben Lufbläschen im Ton zurück, kann dein Tongegenstand beim Brennen zerspringen. (Luft dehnt sich beim Erwärmen aus!)

Aufbautechnik

Bereite den Ton nach der bekannten Art vor und arbeite nach!

1. Wülste rollen

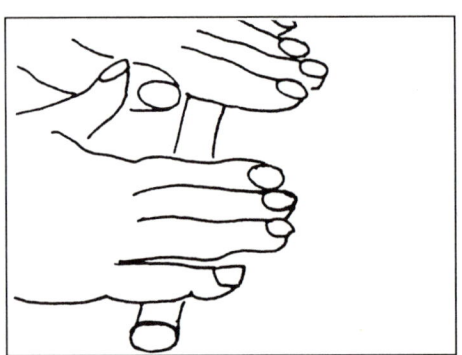

2. Wülste auf die Grundplatte aufsetzen

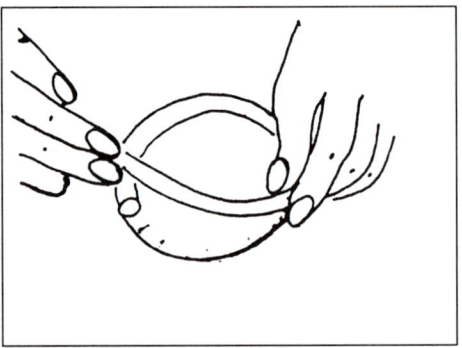

3. Wülste verstreichen

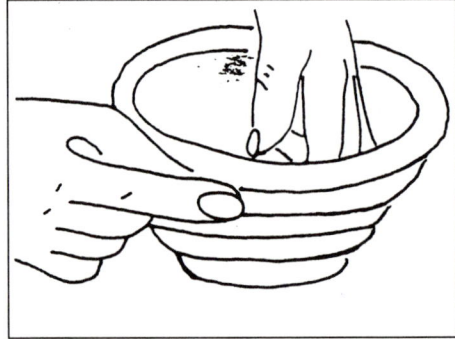

Die Wulst sollte dem Umfang der Bodenplatte entsprechen!

Die Enden der Wulst schräg abschneiden!

Erst die Innenseite, dann die Außenseite der Wulst sorgfältig mit dem Finger verstreichen!

Soll die Form enger werden, wird die Wulst innen angesetzt.

Soll die Form weiter werden, wird die Wulst außen angesetzt.

Hier gibt  **den Ton an!**

Plattentechnik

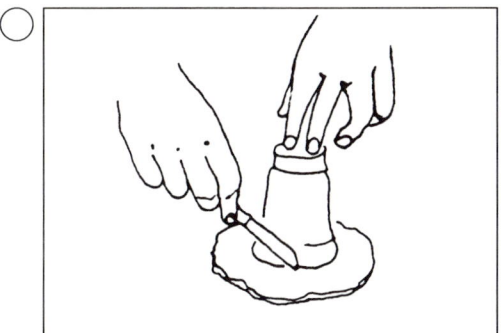

Bodenplatte ausschneiden!

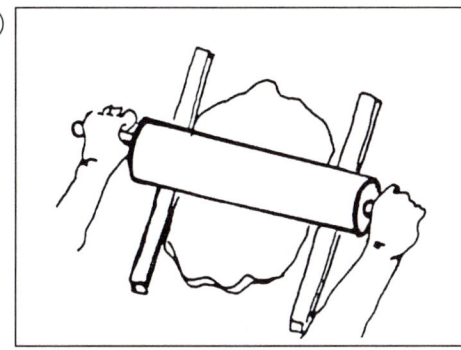

Ton gleichmäßig ausrollen!

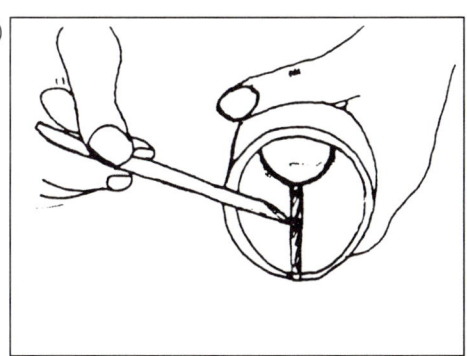

Innen gut verstreichen!
An der Nahtstelle Wulst zum Verstärken
unterlegen!

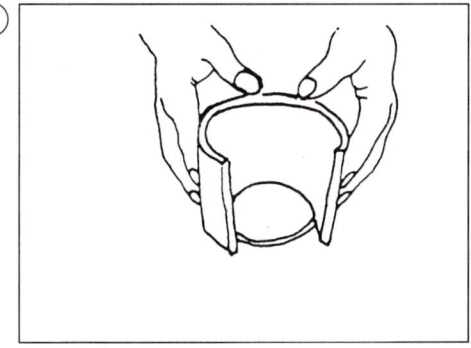

Zugeschnittene Seitenwand um die
Bodenplatte legen.
Aufrauhen und Anschlickern!

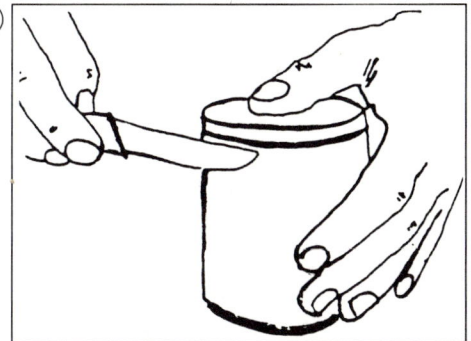

Gefäß umdrehen und Nahtstellen sauber
verstreichen!

Ordne die Bilder in der richtigen Reihenfolge!

Lege die Höhe des Gefäßes
fest!

Messe den Umfang der
Grundfläche aus. Diese
Maße ergeben die Größe der
erforderlichen, ausgerollten
Tonfläche.

Das **Ansetzen** von Henkeln, Köpfen, Beinen, Nasen, Blüten…

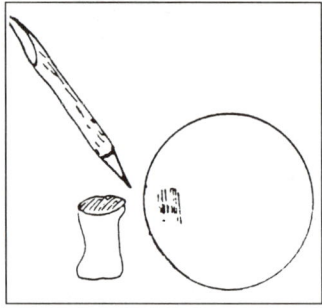

So wird's gemacht:

● Ansatzstelle aufrauhen!

● Schlicker auftragen!

● Teile gut gegeneinander drücken!

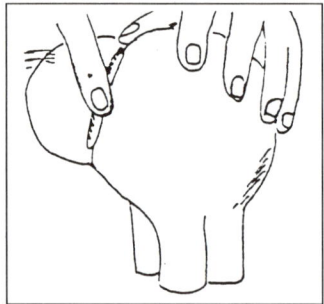

● Sorgfältig verstreichen!

● Vielleicht sogar mit kleinen zusätzlichen Tonwülsten oder Tonschlicker verstreichen!

⚠ Genau arbeiten, sonst platzen während des Trocknens oder Brennens die angesetzten Teile an den Verbindungsstellen ab.

Wer findet den gesuchten Handwerksberuf heraus?

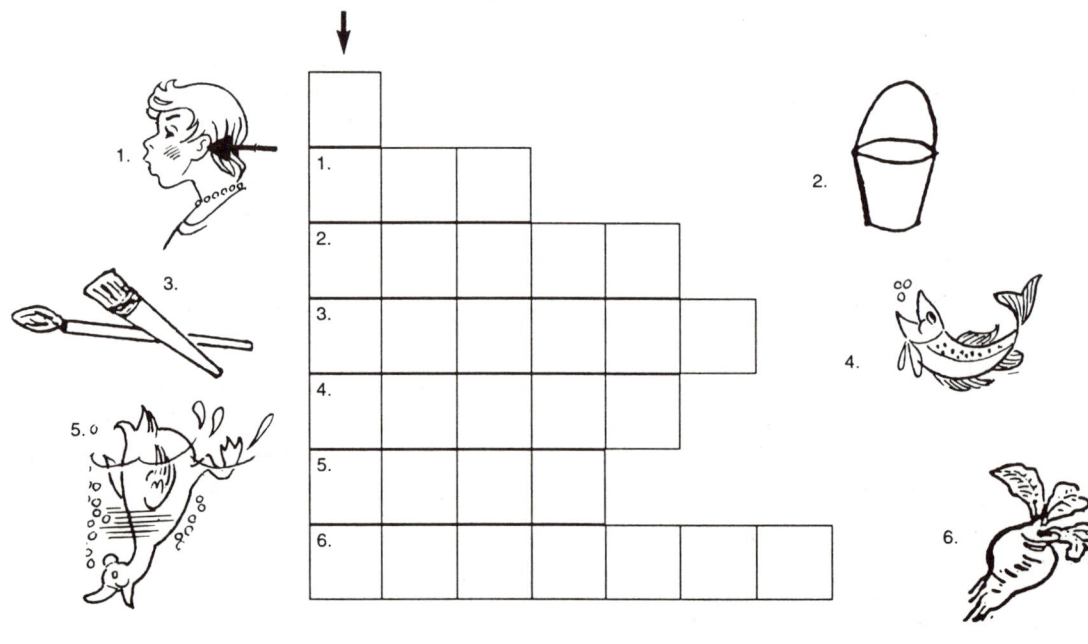

Wer löst das geheimnisvolle Tonrätsel?

Silbenrätsel

1. Schneidegerät für Ton

_____

2. Genauere Bezeichnung für das Arbeiten mit Ton

_____

3. Masse zum Verbinden von Tonteilen

_____

4. Wichtige Arbeitstechnik, die dem Ton trotz ihres Namens nicht weh tut

_____

5. Bezeichnung für den farbigen Überzug bei Tongegenständen

_____

6. Handwerker, der mit Ton arbeitet

_____

7. Bezeichnung für eine Art der Aufbaukeramik

_____

8. Welcher gasförmige Stoff muß vor der Verarbeitung aus dem Ton herausgearbeitet werden?

_____

9. Ein Hilfsmittel zum Mustern von Tonrändern

_____

10. Werkzeug zum Ausrollen von Tonplatten

_____

BEN - DEL - DRAHT - FER - GE - GEN - GLA - HOLZ - KER - LUFT - NIK -
NU - SCHLA - SCHLIK - SCHLIN - SCHRAU - SUR - TECH - TÖP - WULST

Viel Spaß bei Ausknobeln der Begriffe!!!

7. Gestalten mit Fäden

Grunderfahrungen im Umgang mit unterschiedlichen Fadenmaterialien, z.B. Benennung, Aussehen, Beschaffenheit, gebräuchliche Verwendung
Lösen von Aufgaben aus dem körperhaften und flächigen Gestaltungsbereich
spielerischer Umgang mit Fadenmaterial
Föderung lebenspraktischer Fertigkeiten (Knoten, Flechten)
Einsatz von Restmaterialien zur Anbahnung materieller Wertschätzung

Material zum erkundenden Umgang:

Dicke und dünne Fäden, locker oder fest gedrehtes Garn, Baumwoll- oder Wollfasern, Watte
Hintergrund wie Papier, Tapete, Korkplatten…

Hilfsmittel:

Klebstoffe, Kleister
Schere
grobes Schmirgelpapier (als Hilfsmittel zum Legen von Fadenschnecken geeignet, da die grobe Körnung das Verrutschen der aufgelegten Fäden verhindert)
Perlen zur Dekoration der gewählten Gegenstände

Werkverfahren:

1. Flächiges Gestalten:
Fäden aufdrehen
Fäden auflösen (trieseln)
Fäden befestigen durch Kleber
Fadenschnecken legen
2. Volumenhaftes Gestalten:
Zuschneiden der Fäden durch rationelle Arbeitsweise:
Wickeln um Kartonrolle oder -streifen, Aufschneiden auf einer Seite oder Verwendung von handelsüblichen Knüpfwollen
Einlegen von kurzen Fäden
Verknoten der Fäden

TIP:

Haltbarkeit der eingeknoteten Fäden ist von der Festigkeit des Knotens abhängig.

Hinweise zum Arbeitsblatt 22:

Für den Grundfaden (Knotenfaden) sollte reißfestes Material verwendet werden.
Länge des Grundfadens ca. 60 cm, Länge der Einknüpffäden ca. 6 cm.

Spielerische Übungsformen

Der gordische Knoten (Zaubertrick)

Material: dicker Bindfaden ca. 40 cm lang
So geht's:
a) Bindfaden auf den Tisch legen.
b) Frage: „Wer kann einen Knoten hineinknüpfen, nachdem beide Hände je ein Fadenende angefaßt haben – ohne loszulassen?"

(Die Lösung: Bevor man den Faden an den beiden Enden erfaßt, muß man die Arme verschränken.)

Bänder- und Brezelspiel

Material: 1 langes Band
mehrere gleichlange Bänder mit angeknoteten Brezeln
So geht's:
Durch Hochspringen und Schnappen mit dem Mund versucht jeder, so viele Brezeln und Bänder wie möglich von der Leine zu holen.

Möglichkeiten zur schulischen und häuslichen Ausweitung

1. Motive zum flächigen Gestalten:
Pfau, Luftballon, Baum, Schmetterling, Fisch, Käfer
Trieselarbeiten, z.B. Baum, Schäfchen…
2. Motive zum volumenhaften Gestalten:
Schlüsselanhänger
Maskottchen
Christbaumschmuck
Knoten von Haaren bei Faschingsmasken
Pompontierchen wie z.B. Fisch, Hase, Vogel…

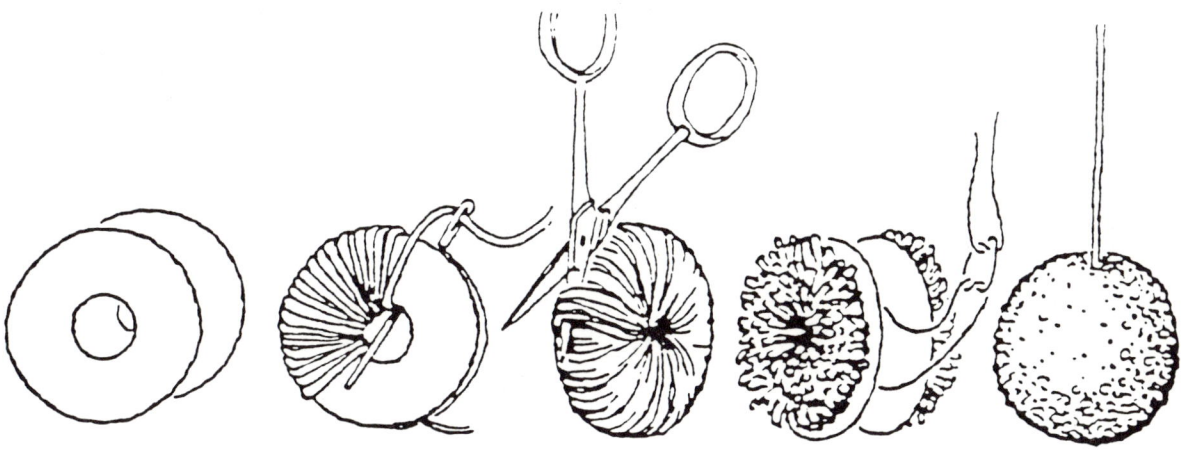

So stellt man **Pompons** her (s. Abbildung):

Zwei Kartonscheiben in der gewünschten Größe zuschneiden

Nach Abbildung Löcher ausschneiden

Scheiben aufeinanderlegen

Mit Fäden die Scheiben fest umwickeln, bis das Loch geschlossen ist

An den Kanten aufschneiden

Zwischen den Kartonscheiben mit einem Faden abbinden, gut verknoten

Kartonscheiben entfernen

Pompon evtl. gleichmäßig in Form schneiden

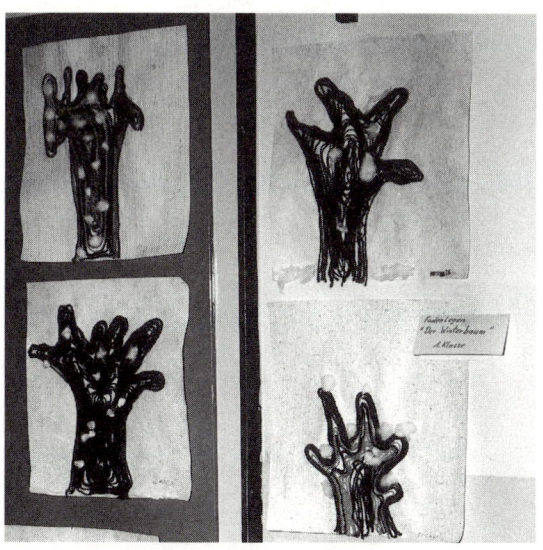

Der Faden

Es war einmal ein Faden,
der lag da wie ein Strich.

Der lag da und langweilte sich.
„Was tu ich? Ich ringle mich!"

Er ringelte sich zur Spirale.
Und dann mit einem Male

machte er aus sich draus
eine Schnecke mit ihrem Haus.

Gleich wurde was Neues gemacht:
Heidiwitzka, eine 8!

Bald drauf eine Dickedull,
eine kugelrunde Null.

Dann noch, mit viel Geschick,
ein Fisch, ein Meisterstück!

„Was kann ich jetzt noch sein?"
dachte der Fisch. Da fiel ihm was ein.

„Ich schlängle mich als Schlange –
wenn wer kommt, dann wird ihm bange!"

Daß wer kommt –
drauf wartet er schon lange.

Josef Guggenmos
(aus: Was denkt die Maus am Donnerstag, dtv. Junior, München 1971)

Knote dir einen Freund aus Fäden und gib ihm einen Namen

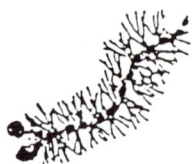

1. Verwende einen langen Faden!

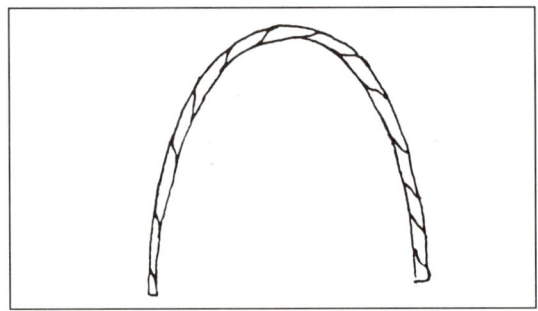

2. Lege 3 kurze Fäden ein!

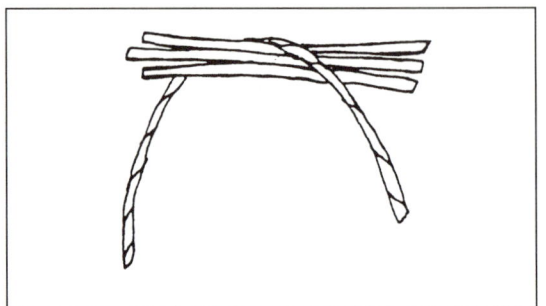

3. Bilde einen Knoten!

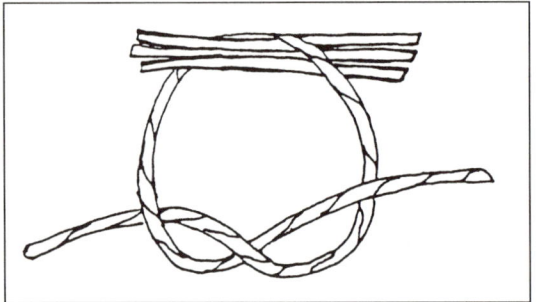

4. Knote fest und beginne wieder mit 2.

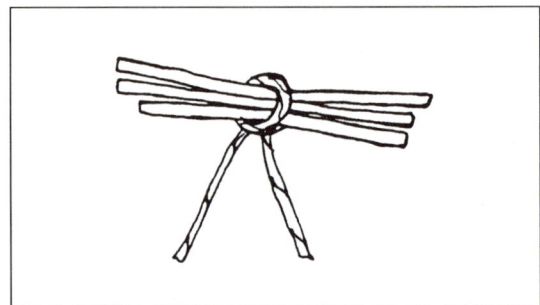

Viel Spaß beim Spiel mit den Fäden!

Die Spieler sitzen im Kreis. Ein Spieler erhält die Katze und den Würfel, alle anderen Spieler erhalten eine Maus.

Nun wird gewürfelt. Bei einer Eins und einer Sechs muß die Katze die Mäuse fangen.

Ziehst du nicht schnell genug deine Maus weg und läßt sie fangen, erhältst du selbst die Katze und gehst mit ihr auf Mäusejagd.

8. Weben mit einfachen Hilfsmitteln

Grunderfahrungen beim Schaffen/Bilden einer textilen Fläche durch Überkreuzen oder gegenseitiges Verknüpfen von Werkstoffen
Einhalten einer sachbezogenen Arbeitsfolge, um effektive Ergebnisse zu erzielen.
Förderung der Handgeschicklichkeit und Sensibilisierung des Tastsinns.
Einsatz zur therapeutischen Behandlung

Material:
Garn, Wolle, Stoffbänder…

Hilfsmittel:
Schülerwebrahmen oder Kartonschablone
Schiffchen oder Flechtnadel: lang, stumpf, platt
evtl. 2 Stricknadeln zur Randbefestigung
Webkamm
Schere

Werkverfahren:
Verbinden von senkrechten und waagrechten Fäden auf regelmäßige/unregelmäßige Art und Weise zu einem Stoff/Gewebe. Dabei ist die Leinenbindung die älteste, einfachste und haltbarste aller Bindungen (Vergleich: Stopfen = Stopfweben)

Arbeitsfolge:
1. Gleichmäßiges Aufspannen der Kettfäden und Befestigen.
2. Einweben von Schußfäden mit Hilfe des Schiffchens oder einer dicken Stopfnadel.
   – Klären der Begriffe:
      Fadenkreuz, Kette, Schuß und Stoff
   – Beachten der Regel zur sauberen Randbildung:
      Anfang- und Schußkette *locker* umweben!
   – Erkennen und Beheben von Webfehlern
3. Sachgemäßes Abnehmen vom Webrahmen.
4. Verarbeitung des Stoffes zum gewünschten Gegenstand.

TIPs:
Zum Aufspannen der Kette sollte reißfestes, fest gedrehtes Material verwendet werden. Gut geeignet sind Bändchengarne aus Baumwolle oder Baumwollcord.
Beim Einweben des Schusses werden je nach Material (z.B. Glanzgarn, Geschenkbänder, Perlenbänder…) interessante Effekte erzielt.

Gleichmäßige Randbildung kann durch Einschieben von Stricknadeln oder stärkeren Drähten erzielt werden.
Zur Klärung der Begriffe Stoff, Kett- und Schußfäden kann zur Veranschaulichung das Auflösen eines groben Stoffes wie Rupfen eingesetzt werden.

Motive und Gegenstände
Wandbehänge
Webteppich
Webbild
Indianerbänder
Webpüppchen
zusammengenäht:
als Täschchen,
Brillenetui…

Lösung des Rätsels auf Arbeitsblatt 23:
1. Webrahmen – 2. Webnadel – 3. Webkamm – 4. Schere – 5. Garn

Ergänze das Kreuzworträtsel, die Bilder helfen dir dabei!

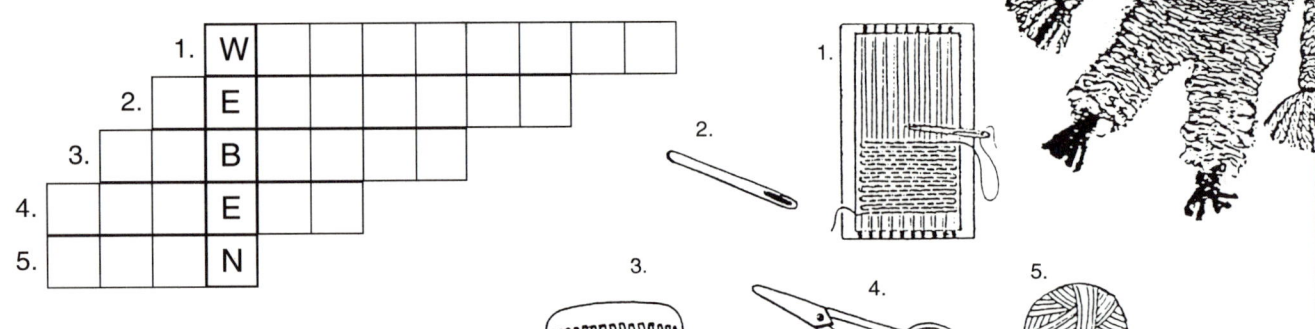

```
1.  W
 2.    E
  3.     B
4.       E
5.        N
```

1.
2.
3.
4.
5.

So entsteht Stoff:

Spanne so die **Kettfäden** auf!

● Verknote den Anfang und das Ende des Kettfadens!

● Spanne die Kettfäden gleichmäßig fest!

● Lasse keinen Schlitz aus!

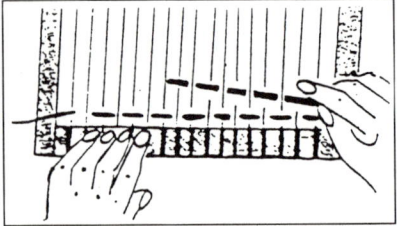

Webe nun den **Schußfaden** ein!

● Webe mit einer dicken Stopfnadel einmal u n t e r , einmal ü b e r den Kettfäden hindurch!

● Der Kamm hilft dir beim Zusammenschieben der Schußfäden.

● Umschlinge beim Wenden locker den Kettfaden!

Klebe eine Stoffprobe auf!

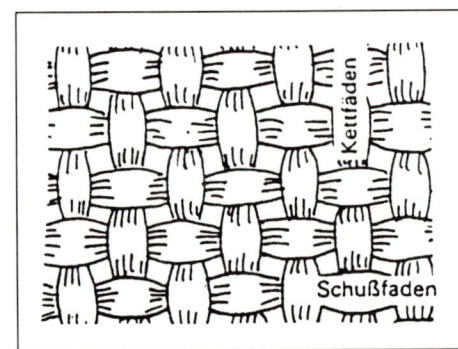

9. Sticken – Nähen

Erfahrungen im Bilden von Stichen sammeln
Einsatz der Stiche zu Nutz- und Zierzwecken erkennen
Kreativität durch den vielfältigen Einsatz der Stiche und durch das verschiedenartige Stick- und Nähmaterial fördern
Sticken und Nähen als sinnvolle Freizeitgestaltung erleben

Sachlogischer Aufbau der Techniken *Sticken/Nähen* angepaßt am Entwicklungsstand des Kindes:

Freies Sticken:
Grunderfahrungen im freien Sticken; Erfinden und Verwirklichen einer Bildidee

Umsetzmöglichkeiten im Unterricht:
Materialanalyse: Stoff/Fäden
Nadel
Stickmaterial

Einfädeln:

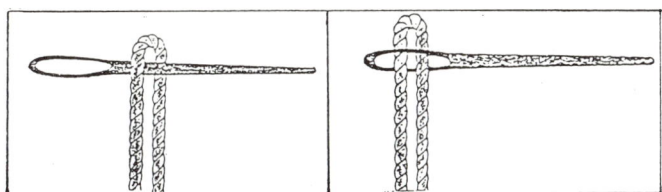

Faden über die Nadel legen
eng zusammenfassen
Nadel herausziehen, ohne den Faden loszulassen
Faden in das Nadelöhr einführen
Sticken: Klären der Begriffe wie Ein-, Ausstichpunkt, Stich,
Vernähen

Applikation in Verbindung mit freiem Sticken:
Entdecken, daß die Verbindung von Applikation mit freiem Sticken die Bildaussage steigern kann

Säckchen

Gästehandtücher

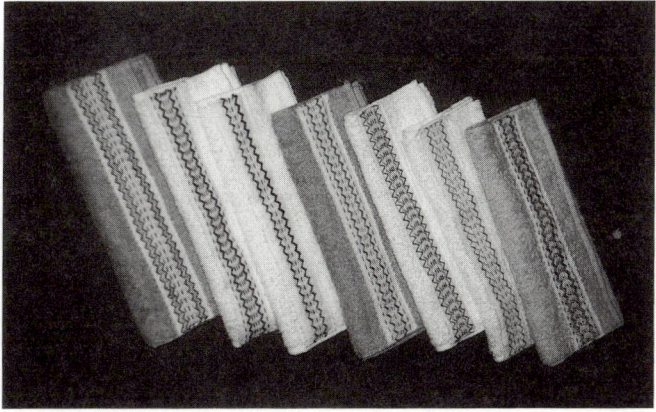

Gebundenes Sticken (z.B. Gästehandtuch):
a) Erste Erfahrungen im Sticken mit einfachen, gewebegebundenen Stichen: waagrechte und senkrechte Stiche
Muster aus einfachen Stichen entwickeln
b) Eine zweiteilige gebundene Stichart ausführen, z.B. Zickzackstich, Kreuzstich, Hexenstich (s. Abb.)

Handnähen
Ein einfaches Werkstück nähen
– formgerechter Zuschnitt
– Verbinden der Schnitteile mit einfacher Naht

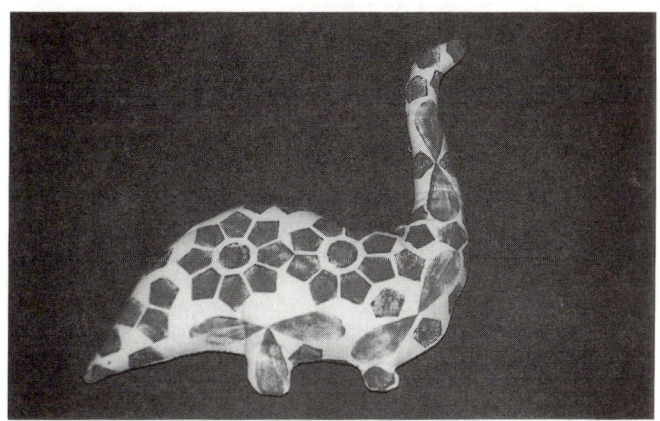

Kuschelkissen nach eigenen Entwürfen

Ergänzungen zu den Arbeitsblättern:

Arbeitsblatt 25: Steppstich
Merke z.B.: „Zwischen den Steppstichen bleiben keine Zwischenräume" oder „Wir zählen 2 Fäden zurück und 4 Fäden vor."

Arbeitsblatt 26: Schlingstich:
Merke z.B.: „Die Nadel steckt immer senkrecht im Stoff" oder „Die Schlinge liegt unter der Nadelspitze."

Arbeitsblatt 27: Zick-Zack-Stich
„Die Nadel steckt beim Zick-Zack-Stich immer waagrecht im Stoff" oder „Die Teilstiche des Zick-Zack-Stiches treffen sich einmal oben, einmal unten."

Arbeitsblatt 28: Nähen mit der Hand
1. Schnitt auflegen
2. Schnitt feststehen
3. Schnitt- und Nahtlinie markieren/anzeichnen

Rätselauflösung:
1. Schnitt
2. Schere
3. Nahtlinie
4. Naht
5. Nadel
6. Schneiderkreide
7. Heftfaden
8. Schneider

Arbeitsblatt 29: Steppstich.

Valentino, das kleine Schleckermäulchen, stickt den **Vorderstich**

Stickgeschichte

❶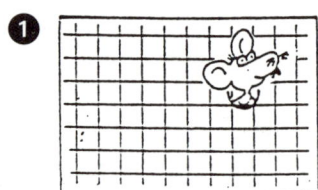

Valentino ist allein zu Hause
und schleicht durch ein klei-
nes Schlupfloch in die Speise-
kammer.

❷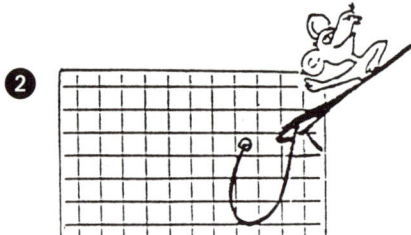

Das Wasser läuft ihm im Mun-
de zusammen bei den herrli-
chen Sachen. Er wird immer
neugieriger und schlüpft noch
weiter heraus.

❸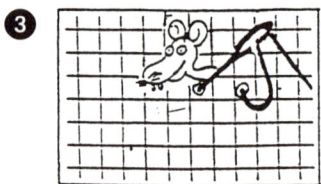

Rennt an zwei Honigtöpfen
vorbei – der Duft von Käse
steigt ihm in die Nase. Ge-
schwind schlüpft er nach hin-
ten ins Regal.

❹

Vergnügt überspringt er zwei
Käsestücke, denn vorne
locken zwei Zuckerstangen.

Schleckermäulchen eilt von
Leckerbissen zu Leckerbissen.

❺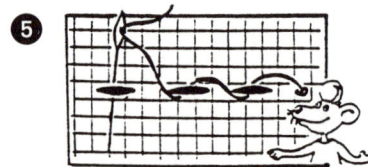

Schleckermäulchen vernäht die kurzen
Fädchen auf der Rückseite:
● Stich fertig sticken
● Arbeit wenden
● 6–8 Stiche auffassen

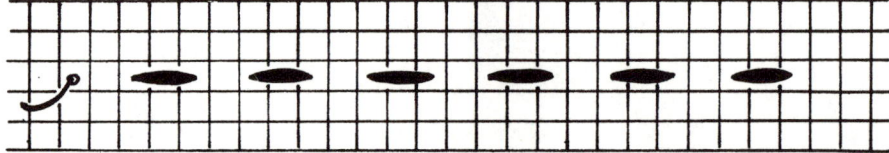

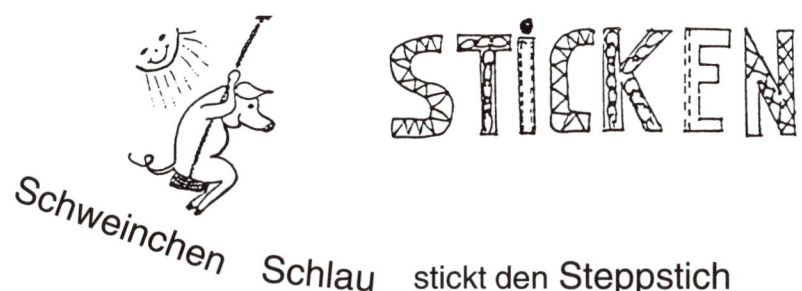

Schweinchen Schlau stickt den **Steppstich**

Die Bilder zeigen dir, wie das geht, und wenn du an die Geschichte mit Valentino denkst, fällt dir das Sticken bestimmt nicht schwer.

❶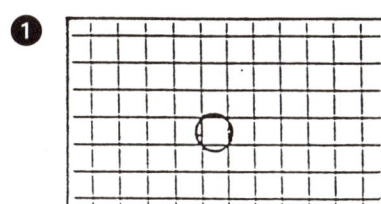

Am Ausstichspunkt beginnt deine Geschichte. Schweinchen Schlau…

❷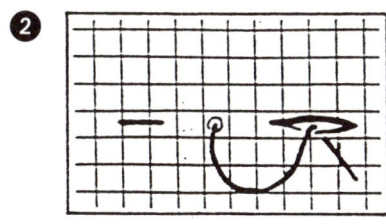

❸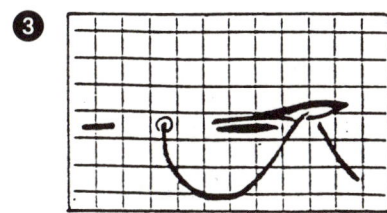

⚠ _____

_____

_____

Füchslein stickt den Schlingstich

Stickgeschichte

1

Füchslein wittert einen
Sonntagsbraten und
schlüpft aus seinem Bau
heraus.
„Ich lege eine Schlinge!"
denkt das Füchslein.

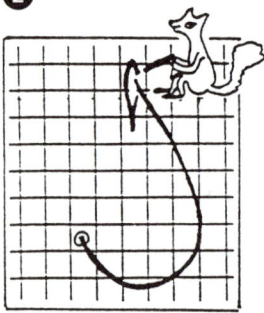

2

Es springt nach rechts.
Schnell steigt er die
Hühnerleiter hinauf und
schleicht in den
Hühnerstall

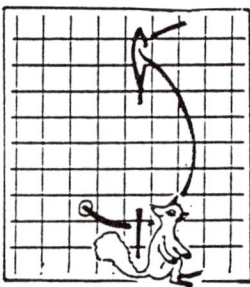

3

„Oh, der Stall ist leer!"
Enttäuscht landet er auf
dem Boden und kriecht
zum Schlupfloch heraus.
Vorsichtig springt er über
seine Schlinge.

Füchslein beachtet beim Sticken des Schlingstiches:

⚠ (!)

_____

_____

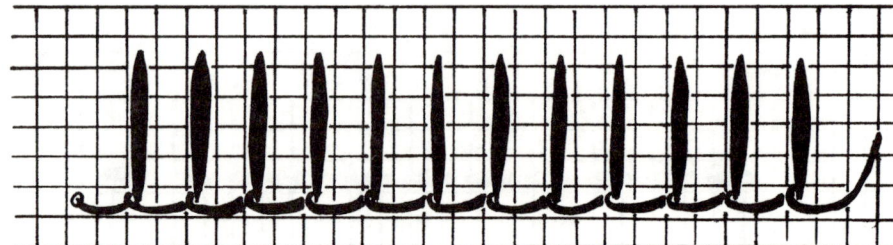

Oldenbourg Arbeitsblatt © R. Oldenbourg Verlag GmbH, München / Prögel Praxis: Unterrichtsmaterial 18, Textilarbeit und Werken

Drache Zi-Za

STICKEN

stickt den **Zickzackstich**

Schau dir die Bilder an und das Sticken des Zick-Zack-Stiches fällt dir nicht mehr schwer!

❶

Am Ausstichspunkt beginnt deine Stickgeschichte.
Zi-Za...

❷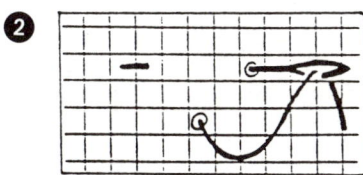

❸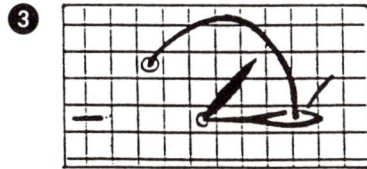

❹ So sieht die Rückseite des Zick-Zack-Stiches aus:

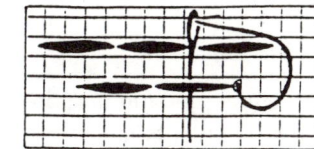

⚠ _____

_____

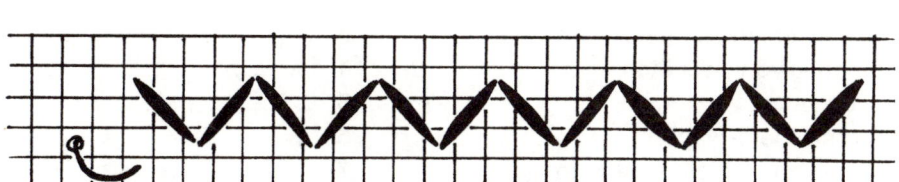

NÄHEN

mit der Hand

Bilde die Überschriften zu den einzelen Arbeitsschritten.

1. _____

● Lege den Stoff rechts auf rechts zusammen!
Bedenke dabei, der Stoff muß größer sein als der Schnitt!

2. _____

● Stecke die Nadeln durch Schnitt und beide Stoffteile, die Nadelspitzen schauen zur Mitte!

3. _____

● Zeichne Naht- und Schnittlinie sorgfältig an!

4. Jetzt kannst du zuschneiden!

Diese Regeln helfen dir:

● Schneide auf dem Tisch zu!

● Schneide gegen den Uhrzeigersinn und drehe dabei das Stoffstück nach rechts und nicht die Schere!

Hier hat der Schneider falsch zugeschnitten und alles dabei durcheinandergebracht: Füge die Schnipsel richtig aneinander!

DE-DEL-DEN-DER-FA-HEFT-KREI-LI-NA-NAHT-NAHT-NIE-RE-SCHE-SCHNEI-SCHNEI-SCHNITT-DER

1. Schablone für Stoffarbeiten	1. ....
2. Zuschneidewerkzeug	2. ....
3. Linie, auf der zusammengenäht wird.	3. ....
4. Verbindung von zwei Stoffen	4. ....
5. Nähwerkzeug	5. ....
6. Markierstift beim Nähen	6. ....
7. Hilfsfaden zur Nahtvorbereitung	7. ....
8. Handwerker, der mit Stoff und Faden arbeitet	8. ....

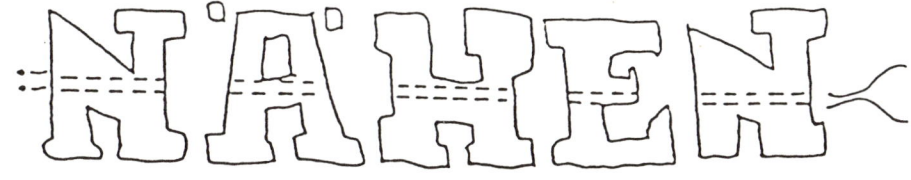

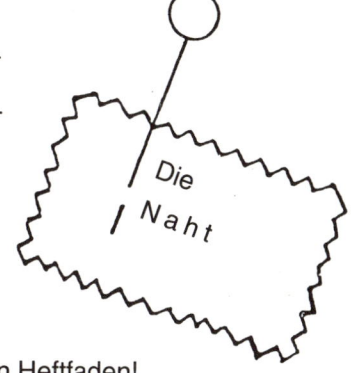

Die Naht

1. Das Heften

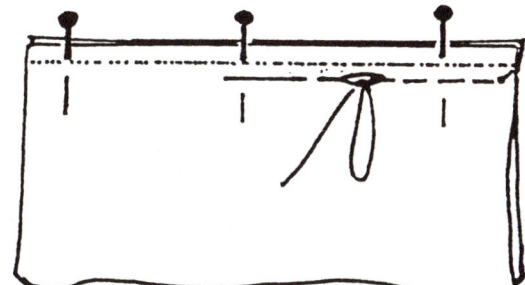

- Benutze dazu einen Heftfaden!
- Beginne mit einem Knoten!
- Hefte neben der angezeichneten Nahtlinie!

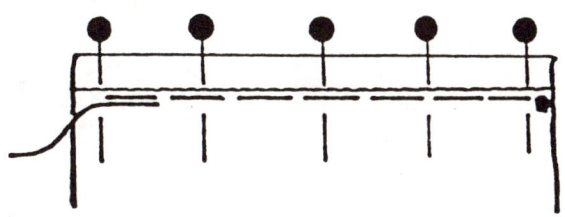

- Der Heftstich ist doppelt so groß wie sein Zwischenraum
- Beende die Heftstichreihe mit einem Rückstich

2. Das Nähen

- Nähe die Naht mit dem

  [   ]

  zusammen!

3. Das Bügeln

- Entferne den Heftfaden und bügle die Nahtzugabe flach auseinander!

10. Grunderfahrungen im Bilden von Maschen (Häkeln – Stricken)

Erfahrungen im Bilden von Maschen sammeln und das Entstehen einer Fläche durch Verschlingen von Fäden erkennen.
Die Handgeschicklichkeit fördern.
Zur Sparsamkeit durch Verwenden von Restmaterialien erziehen.
Perspektiven zu einer sinnvollen Freizeitgestaltung eröffnen.

Gegenstände zur Verwirklichung im Unterricht

Häkeln:
– Maskottchen
– Brustbeutel
– Ballnetz etc.
(weitere Anregungen siehe z. B. „Häkeln einfach tierisch gut"
von Helga Elsner, 1991)

Stricken:
– Ball
– Hüttenschuhe
– Handpuppen
– Stirnbänder etc.

Ergänzungen zum Arbeitsblatt 30

Beispiele von Häkelgeschichten zum Auflegen des Fadens:

Das Baby geht aus dem
Bett, an zwei Türen vorbei,
um ein Tisch, fällt
herunter und rollt sich
in den Tebich. und wird
~~Se~~ zugedeckt.

Eine Schlange
kricht aus ihrem Loch.
Bis zur Oase, trinkt, und
kricht zurück. Dann an
zwei Skelett vorbei, wickelt
sich um den Baum rutscht
wieder runter, um ein Graß-
büschel herum und
schlüpft in ihr Loch.

Schau dir das Bild genau an.
Rechtshänder versuchen nun den Faden
auf die l i n k e Hand,
Linkshänder auf die r e c h t e Hand
aufzulegen.

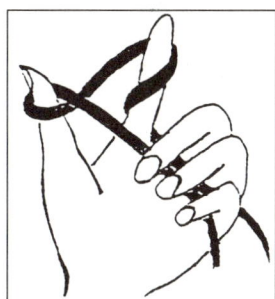

Meine Häkelgeschichte:

So häkelst du die Anfangsmasche

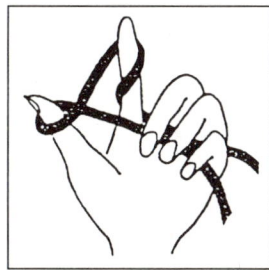 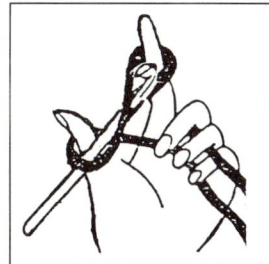 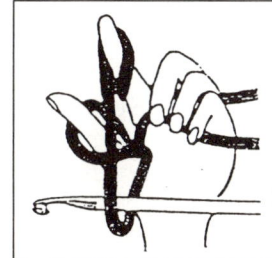

In die Daumen-   Faden holen   Faden durchziehen,
schlinge einstechen   abheben

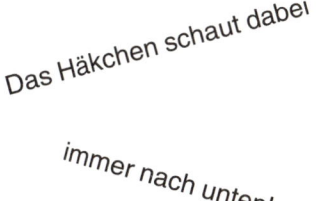

Das Häkchen schaut dabei

immer nach unten!

So häkelst du die Luftmasche

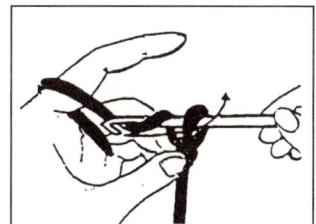

Faden holen!

Faden durchziehen!

Beachte: Mittelfinger und
Daumen halten dabei die
Maschen fest!

So häkelst du die feste Masche

Numeriere die Bilder nach dem Text!

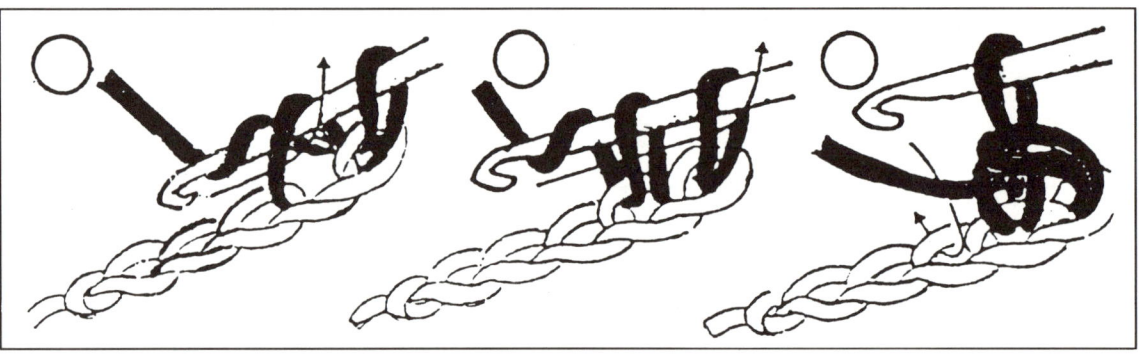

① In die Masche einstechen!

② Faden holen, durchziehen!

③ Zum zweiten Mal Faden holen, durchziehen!

So wendest du:

Häkle eine Luftmasche und stich nach dem Wenden in die 1. feste Masche der Vorreihe ein!

Fasse b e i d e Maschenglieder auf!

 leicht gemacht!

Erinnerst du dich?
Beim Stricken legst du den
Faden genauso auf wie
beim Häkeln!

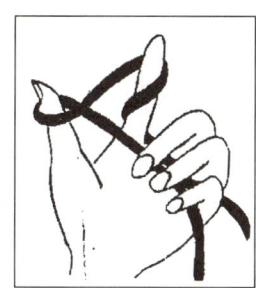

Der Maschenanschlag

 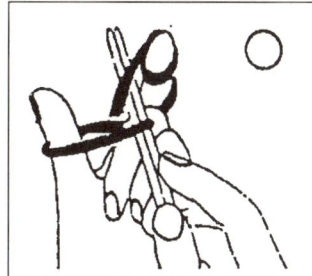 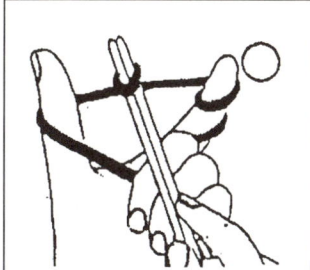 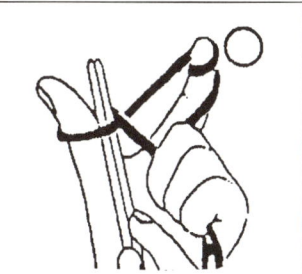

Ordne die Bilder in die richtige Reihenfolge!

Die rechte Masche

Betrachte die Bilder genau
und versuche die rechte
Masche nachzustricken!

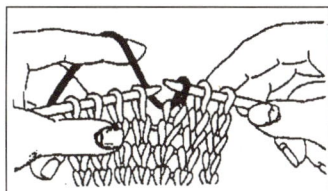 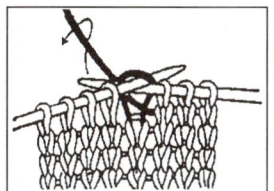 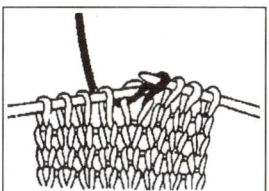

Strick-Wirr-Warr

Kannst du erkennen, an welchen Strümpfen unsere Strickliesel
gerade strickt?
Wenn du die Strümpfe farbig ausmalst, geht es ganz einfach

Die Anfangsrandmasche

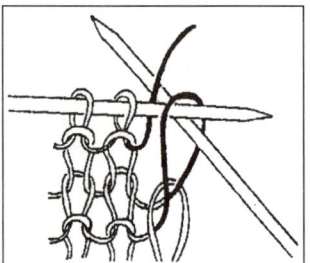

Die Schlußrandmasche

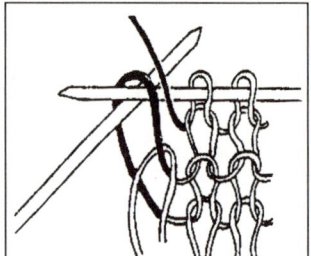

Wir ketten ab!

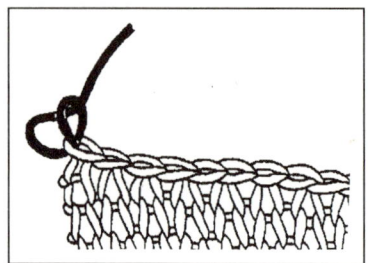

Strickrätsel

Bei richtiger Auflösung des Rätsels ergeben die Buchstaben ein bekanntes Sprichwort

1				15			1										
2																	
3		3				13											
4		5	6		7	8									11		
5				9	●	13										
6		14			19												
7			10		16												
8		2		17	18												

1. Nicht häkeln sondern ......!
2. Material zum Stricken
3. Werkzeug zum Stricken
4. Wie beginnst du eine Strickarbeit?
5. Gegenteil von linker Masche
6. ... sollst du auch beim Stricken vermeiden!
7. Diese Masche strickst du am Anfang und am Ende einer Reihe
8. Wie beendest du eine Strickarbeit?

U	1	2	U	3	4	●	5	6	7	8	9
10	11	12	●	13	14	15	16	17	18	19	!

Auflösung des Rätsels

1	S	T	R	I[15]	C	K	E[1]	N							
2	W	O	L	L	E										
3	N	A[3]	D	E	L	N[13]									
4	M	A[5]	S[6]	C	H[7]	E[8]	N	A	N	S	C	H	L	A	G
5	R	E	C	H	T[9]	E	●	M[13]	A	S	C	H	E[11]		
6	F	E[14]	H	L	E	R[19]									
7	R	A	N	D[10]	M	A	S[16]	C	H	E					
8	A	B[2]	K	E	T[17]	T	E[18]	N							

U	E[1]	B[2]	U	N[3]	G[4]	●	M[5]	A[6]	C[7]	H[8]	T[9]
D[10]	E[11]	N[12]	●	M[13]	E[14]	I[15]	S[16]	T[17]	E[18]	R[19]	!